本当に頭がいい子の育て方

花まる学習会 代表
高濱正伸

ダイヤモンド社

Q&A

お母さん・お父さんからの、いちばん多い質問に対するQ&A

Q1 うちの子どもが、集中力がなくて、宿題もだらだらと、時間がかかっています

A1 「さぁ何分で宿題が終了するかな！」「最高記録を目指してみよう！」と、ゲーム感覚で時間を設定すると、効果があります。また、「机の上が片付いていない」と、子どもは宿題に集中できません。机の上にマンガやゲームなどが置いてあると、子どもは、すぐに気が散ってしまいます。学習できる環境が整っているかを、保護者が確認してあげてください。

Q2 **子どもが言うことを聞かないとき、つい、手をあげてしまうことがあります。どうしたら、自分の怒りをコントロールできるでしょうか？**

A2 イライラがこみ上げてくるのは、ごく平均的なお母さんの姿です。あなただけではありませんので、安心してください。まずは、「私は、子どもに手を上げてしまった…」と自分を責めすぎるのはやめましょう。実の母親、夫、ママ友、に話を聞いてもらったり、趣味や仕事をはじめるだけでも、ずいぶん、心がすっきりするはずです。「子育ての不安」をひとりで抱え込まないようにしましょう。

Q3 **小学1年生なのに、まだ「カタカナ」が覚えられずに、不安です**

A3 カタカナは、文字と音を一緒に覚えることが重要です。たとえば「シ」なら、「しー」と声に出しながら書き順を練習させてみましょう。また、文字は「五十音表」ではなく、「生活の中で覚えるのがいちばんの近道」です。家族の名前や大好きなキャラクターの名前、食べ物や生き物などを、クイズ形式で「カタカナ」で書かせてあげると覚えやすくなります。

Q4　小学3年生の子どもが、算数の「立体問題」に苦手意識を持っています。家庭で何をすればよいですか？

A4　紙の上で問題を解かせるより、たくさんの「体験」が必要な時期です。かくれんぼや木登りなどの「外遊び」をすれば、空間認識力を鍛えるとともに、粘り強さも身に付きます。また、「お手伝い」をたくさんさせるとよいでしょう。たとえば、料理。野菜の切り方ひとつで、切り口がさまざまな形になることに気づき、子どもの立体感覚を養うことができるのです。

Q5　子どもが本を読みません。どうすれば自分の子どもを「本好き」にできますか？

A5　幼いころであれば「読み聞かせ」がもっとも効果的です。「読み聞かせ」は、親と子が親密な時間を過ごすことができるので、子どもにとっては「リラックス効果」もあります。また、子どもは親の背中を見て育ちますから、「親が読書に夢中になっている姿」を見ることも、とても効果的です。

Q6 漢字やひらがなの「書き順」は、家でも指導すべきでしょうか?

A6 漢字の「書き順」はとても大事です。書き順が違うと、字のバランスが悪くなったり、雑な字になったりしてしまいます。子どもの書いた字が「雑」に見えたら、お母さんが書き順の確認をしてあげてください。新出の漢字を家庭で勉強するときは、親がはじめに「お手本の書き順」を示してあげると、子どもが習得しやすいです。

Q7 小学1年生の長女が大変な内弁慶《うちべんけい》で、外ではお友だちに「遊ぼう」と言えません。子どもに自信を持たせるには、どうしたらいいでしょうか?

A7 「親子で一対一の時間」を取ることです。1日5分でも3分でもいいので、「ぎゅーっ」と抱きしめて、「大好きよ、おやすみー」と声をかけてあげましょう。「いつでもあなたの味方だからね」「いつでもあなたを信じているからね」というお母さんの愛情を示して、彼女の「自信」をしっかり支えてあげる。そうすれば、外に出ても、自分を出せる子どもになっていきます。

Q8 子どもがノートをきれいに取っているのに、なかなか算数ができるようになりません

A8 ノートを取ること自体に意識が行きすぎて、内容をあまり覚えていない状態を「ミテウツシ病（見て写し病）」と呼んでいます。母親に「ノートをキレイに取りなさい！」と何度も言われると、子どもは「キレイにノートを取ること自体が勉強だ」と勘違いしてしまいます。授業中は、ノート以上に、どれだけ先生の言葉に集中して聞けているか、これがいちばん大切なのです。

Q9 長期の休み明けになると、子どもが学校や習い事に「行きたくない！」と言い出します

A9 結局、行けているのであれば、心配しすぎる必要はありません。ゴールデンウィーク明け、夏休み明けなど、長期の休みが明けたときには、子どもは気持ちが不安定になりがちになるものです。しかし、一歩踏み出して学校に行ってみると、「いままでと同じ」であることに気がつきます。子どもならよくあることだと思って、背中を押してあげてください。

Q10 「早生まれ」なので、ほかの子どもたちについていけるか、心配です

A10 「幼児期」は、「早生まれの子」と「そうでない子」を比べた場合、たしかに達成度に差が出ることはあります。といっても、「学習（勉強）」に関しては、興味を持って取り組んでいくことによって、十分にカバーすることができます。「早生まれ」は、まったく、心配する必要はありません。

Q11 現在、「育児休業中」です。職場復帰する予定ですが、子育てと仕事の両立はできますか？

A11 両立できます。むしろ、子育て中も、孤独なお母さんにならないよう、働きに出たほうがいいくらいです。お母さんが安心して子育てをするには、「家庭の外とのつながり」が大切です。家にこもって子育てだけをしていると、お母さんが孤独感を覚えたり、イライラしやすいのです。お母さんの気持ちが不安定だと、子育ては行き詰りますから、仕事をして切り替え、充実した時間をつくるほうが、お母さんの心の安定につながる時代でしょう。

Q12 夏休み中は普段よりも時間があります。せっかくなので、子どもに何かやらせたいのですが

A12 夏休みは「復習」の絶好の機会です。一学期に習った内容や、前学年までに習った内容の中に「理解が浅いところ」があれば、夏休みの期間を使って克服させましょう。また、夏休みは、普段はあまり遊ぶ時間がない子も、「外遊び」ができる貴重な機会です。川遊びやキャンプ、虫取りなど、「自分の体を動かし、目で見て手で触れる体験」を、たくさんさせてあげましょう。家族旅行に行くのもいいと思います。

Q13 来年から小学校に上がりますが、何か準備しておくべきことはありますか？

A13 小学校に上がるときにもっとも大切なのは「①姿勢、②鉛筆の持ち方、③聞く力」の3つです。先生が前に立って話をはじめたら、私語や手遊びをせずに、先生の目をしっかり見て話を聞けることが大切です。「義務教育」の段階では、姿勢をまっすぐにして先生の話を聞くだけでも、基礎的な学力は自然と身に付きます。

Q14 子どもが高学年になってから、大人を「嘘つき」だと思っているようです。親の言うことも素直に聞きません。どのように対処したらいいのでしょうか?

A14 親に反発するのは、子どもが不良になったからではなく、健全に成長しているからなのです。「自立心」が芽生えてきた証拠でもあります。ですから、心配する必要はありません。逆に、大切なのは、お母さんが少しずつ「子離れ」をすることです。親の考えを押しつけようとせずに、子どもと本音で話し合える関係に切り替えていきましょう。

はじめに

テレビ「情熱大陸」「カンブリア宮殿」にも出演！会員数1万8000人「花まる学習会」代表・高濱正伸、指導経験20年の集大成！

こんにちは、高濱《たかはま》正伸《まさのぶ》です。私は、幼稚園児〜小学生を「メシが食える魅力的な大人に育てる」ことを主眼とした学習塾「花まる学習会」の代表を務めております。

おかげさまで、「花まる学習会」と「スクールFC（小学生〜中学生対象の花まるグループの進学塾部門）」は、関東を中心に、112カ所・268教室を展開。会員数は1万8000人を超えています。

全国の、お母さん、お父さんから多大なご支持をいただけるようになり、大変、ありがたいことに、テレビ「情熱大陸」「カンブリア宮殿」「ソロモン流」などをはじめ、ラジオ、雑誌など、数多くのマスコミにも「花まる学習会」の授業内容を、ご紹介していただいております。

また、本の出版におきましては、私はこれまでに、100冊以上の本を通じて、子育てや学習法について、お伝えしてきましたが、ここで、いったん、**いままでの、20年以上の指導経験を、可能なかぎり1冊の本にまとめ上げてみよう！**と思い立ち、満を持して、本書の執筆に取りかかりました。

その意味で本書は、これまでの、子どもたち・お母さんたち・お父さんたちとの触れ合いの中から学んだ、私の経験と、数多くのスタッフたちの経験の「ひとつの集大成」としてお読みいただける内容であり、必ずやお子さんをお持ちの、お母さん、お父さんの、お役に立てる内容に仕上がっていると、自負しております。

さて、私が代表を務める「花まる学習会」は、2015年から「佐賀県武雄市《たけおし》」と提携して、全国初となる官民一体型の小学校「武雄花まる学園小学校」を創設することが決まっています。

これは、明治5年に「学制《がくせい》」が公布されて以来、はじめての試みとなります。

官民が一緒になって「教育のあり方」を変え、生徒の「生き抜く力」を育むことが目的です。

佐賀県武雄市の樋渡啓祐《ひわたしけいすけ》市長が、提携先に「花まる学習会」を選んでくださったのは、当塾が、進学指導のみを行う塾とは、「一線を画していた」からです。

「メシが食える魅力的な大人を育てる」

という、私たちの教育ビジョンに共感してくださったからです。

「花まる学習会」を立ち上げる前、私は、大学受験生の指導をしていました。

受講生はみな素直で、講師の教えを「はい」と受け止めます。言われたことは、反発せずにしっかりやる生徒たちでした。

ですが、彼らが「主体的に、自主的に、自発的に勉強に取り組んでいたか?」と問われたら、私は全面的に、首をタテに振ることはできません。

彼らは、言われた以上のことは、あまりしようとせず、いつでも指示待ちが多かったのです。

「自分はこれがやりたい」という、やる気・意志が、なかなか感じられない。計算の処理は速くても、問題意識が低く、深く考える問題では思考が停止してしまう……。

私は、彼らに不安を感じました。人としての根源的な部分が…、すなわち、「生きていく意欲」が足りていない子どもが、とても多いように思えたからです。

「たとえ有名大学に入れたとしても、社会に出たら、メシが食える魅力的な大人になれないのではないか？」

「彼らに必要なのは、受験のテクニックではなく、もっと根源的な生きる意欲ではないのか？」

「勉強ができるだけでは、本当に頭がいいとは言わないのではないか？」

そんな懸念を感じた私は、受験教育へ一石を投じようと、「花まる学習会」を立ち上げたのです。

「花まる学習会」は1993年に、わずか「2教室、25名の子どもたち」でスタートしました。

当時は「花まる勉強会」といって、埼玉県の幼稚園をお借りして指導を行っており、文字通り「寺子屋」の状態でした。

「知識偏重」ではなくて、人間の土台をつくりたい……。

「本当に頭がいい子」を育てたい……。

既存の塾とは一線を画する「花まる学習会」は、子育てに迷うたくさんの、お母さんお父さんから多くのご支持をいただいております。

では、ここで「花まる学習会」にお子さんを通わせている保護者からの声と、卒業生たちの声を、お聞きいただければと思います。

◯【花まる学習会　保護者からの声】

●10数年前、高濱先生の講演会で「母が笑顔なら大丈夫」との言葉に心が救われました。3人の息子には、人を幸せにするために自分のエネルギーを注げる人になってほしい。そう願えるのも「花まる学習会」が私に考える機会を与えてくれたおかげと感謝しています。

（大学生、高校生、幼稚園の男子3名の母　藤井道子）

●子どもの進学、それは将来の仕事や生活環境において、よい仲間を早くから見つけられることにあると思っております。子どもたちが、よい仲間と出会い、よい環境で今後も学んでいける、環境づくりのきっかけをつくっていただいたことに、感謝申し上げます。

（42歳　父　渡邊惇二）

●自分で考え、自分で行動し、自分で責任を取る。自分の人生を自分の手で、楽しいものにする。本当に頭のいい人間、強い人間の基礎を私たちの宝である子どもに、「花まる学習会」の教室での勉強、野外活動、合宿を通じ、教え育てていただいたと感謝しております。

（小学5年生女子の父　飯嶋英文）

●先生方が子どもの成長に合わせ、一瞬一瞬を大切にしていて、大事なところで声がけをしてくださり、やる気を引き出してくださいます。教材は、子供の好奇心を刺激するものが多く、家族で楽しむこともでき、子どもが試行錯誤して、できたときの喜びを積み重ねることができます。授業後、子どもがキラキラした表情で教室から出てくると親も子どもの笑顔に癒やされ、幸せな気分になるのが「花まる学習会」です。いつも先生方が見守ってくださっている安心感があり、ありがたいです。

（中学1年生男子、小学5年生女子の母　吉川瑞穂）

◯【花まる学習会　卒業生からの声】

●「花まる学習会」の授業では考えることの楽しさを学んだ。スーパー算数では高濱先生の魅力に毎週昂ぶる胸の鼓動を感じ、喜びと誇りに満ちていた。今でも前向きに頑張れるのはその際に興じていただいた教えが心の中心にあるからかもしれない。自信が持てる自分になれたらもう一度会ってください。

（高校3年生　男子　藤井）

●目で見て学ぶ、人の身になって考える、他人に迷惑をかけない、臨機応変に対応する、自ら考えて行動する、などなど、なぜか懐かしい言葉に感じてしまいます。そんな危うい日本の社会に子ども教育を通して警鐘を鳴らしているのが高濱先生だと思います。

（大学生　男子　平田）

●私は、勉強を楽しむときは友達と一緒に本気で楽しみ、難しい問題を解くときには答えではなく答えを出すまでの解き方を大事にするということ、さまざまな視点からものごとを考えるということを「花まる学習会」を通して高濱先生に教えていただきました。

（中学1年生　女子　長島由佳）

●僕は小5から高濱先生の授業をうけましたが、先生の授業はとてもテンポがよく、やってて夢中になれる授業でした。毎回終わった後はすごく疲れて達成感が感じられました。授業で扱ったプリントはまだとってあります。

（中学2年生　男子　三富輝祐）

◯「本当に頭がいい人」とは、「他人を幸せにできる人」

私は、熊本県の田舎でやんちゃに育ち、一応、「東京大学」という大学を卒業してはいるものの、なんと「3浪4留」です。

「3浪」のうちの2年間は、「だらしない不良の浪人生」として過ごしました、すみません…。

大学の「4留」は確信犯で、海外への一人旅・本・哲学・映画・バンド・絵画・落語・スポーツ・写真・語学……と、全力でのめり込んで、全力で遊び尽くしました。牛乳配達・建築現場・厨房・屋台のおでん売り……、さまざまなアルバイトにも精を出しました。

大学に籍こそ置いていたものの、私はたくさんの「寄り道&道草」をしました。遠回りもしました。

ですが、どう転ぶかわからないくらい「寄り道」をしたからこそ、私は「生き抜く力」の大切さに気づくことができたのです。

私がいま、

「『勉強ができること』と、『頭がいいこと』は、まったく違う」と、体感覚として、肌感覚として、理解しているのは、こうした経験を積み上げてきたからです。

「勉強ができること」と「頭がいいこと」は、必ずしもイコールではありません。たとえ、東京大学に入っても、それはかんたんに言ってしまえば「○×クイズの正解数が多かった」にすぎないのです。それだけで、幸せになれるほど、人生は単純なものではありません。

「本当に頭がいい人」とは「他人を幸せにできる人」のことです。

勉強はできるけれど、人とつながることができない。

「エリート」と呼ばれながらも、相手に歩み寄ることができない。

人間関係の軋轢《あつれき》から、立ち直ることができない……。

そういう人を、私は、本当にたくさん見てきました。


公私にわたるさまざまな人間関係の中で、他人を思いやることができない。

「オレは勉強ができるから」「私は難関校に入学したから」という「学歴&肩書き」だけでエリート意識にしがみつくのは、間違っています。

偏差値の高さと、コミュニケーション能力の高さは、必ずしも比例しません。


「花まる学習会」の亀田聡くん（仮名・小学4年生）は、人気者ないっぽうで、大のいたずらっこ。ある日、ドアの入り口で「足を引っ掛けるいたずら」をしていた亀田くんは、悪ふざけがすぎて、同級生の同じくいたずらっ子である飯塚くんを捻挫させてしまいます。

飯塚くんが大げさに痛がったので、クラスの全員が知る事件となってしまい、2人とも、先生に呼び出されてしまいます。

先生には、「どうせ、また、飯塚がちょっかいを出して、亀田がやりかえして、こんなことになったんだろう！」と、2人とも怒られてしまいます。

そのとき亀田くんは、毅然とした態度で、こう言ったのです。

「いつも、いろいろお互い悪ふざけをしているけれど、今回は、飯塚はなにもしていません。僕が、一方的に、飯塚を転ばせて捻挫させたんです。飯塚はなにもしていないので、飯塚を叱るのは、間違っています。僕だけ、叱ってください」

……と。この言葉を聞いた先生は、亀田くんの毅然とした態度に感心し、しばらく、声が出なかったといいます。

また、亀田くんの言葉を聞いた飯塚くんは、学校からの帰り道、「亀田ってやっぱり、いいやつだな…」と、自宅まで涙がとまらなかったそうです。

あなたの子どもも、こんな子どもに育ってほしいと思いませんか？　子どものころに机に座って勉強ばかりしていて、友だちと外遊びをした経験も、ケンカをした経験も、仲直りをした経験もない人は、どれほど偏差値が高くても、「他人を幸せにする能力」が十分ではありません。

家族に不満ばかりぶつけて、感謝の気持ちを示せない。すぐ目の前にいる夫を、妻を、子どもを、理解することができない。

「目の前にいるたったひとりの人も幸せにできない」としたら、どうして、その人を「頭がいい」と言えるのでしょうか？

学生時代、私がアルバイト先で見てきた「屋台のおでん屋さん」にも「建築現場」にも、東大卒はいませんでした。けれど彼らは、まぎれもなく、「本当に頭がいい人たち」でした。なぜなら、自分の力で「メシが食える魅力的な大人」であり、たくさんの人を幸せにしていたからです。

◯「本当に頭がいい子」を育てる「7つの力」

では、どうすれば、わが子を「本当に頭がいい子」に育てることができるのでしょうか。私は大勢の子どもたちを見てきた経験から、「『本当に頭がいい子』に育てるには、『7つの力』が必要である」と考えています。

【本当に頭がいい子を育てる「7つの力」】

- 【第1の力】**「魅力」**…人が集まってくる人間としての器
- 【第2の力】**「体力」**…すべての活動の土台となる基礎体力
- 【第3の力】**「やる気」**…自分から楽しんで行動する力
- 【第4の力】**「言葉の力（国語力）」**…すべての学力の土台となる力
- 【第5の力】**「見える力と詰める力（算数力）」**…意図を読み取り粘り強く考える力
- 【第6の力】**「親子力」**…親と子どもの関係から生まれる力
- 【第7の力】**「あそぶ力」**…ものごとを柔軟に考えられる力

◯【第1の力】「魅力」…人が集まってくる人間としての器

「人」と「人」の「間」で生きるのが人間です。「人」と「人」の間で生きるには「魅力」が必要です。

「あの人といると楽しいよね！」「あの人と、もっと一緒にいたいな！」「あの人のこと、好きだなぁ！」と思ってもらえる人、すなわち「魅力」のある人のところには、自然と多くの人が集まります。

どんなに高価な服を着飾っても、それだけでは「魅力」にはなり得ません。「魅力」とは、「あなたの、こういうところが素敵だよね！」と、他人から指摘されるもののことです。

「魅力」は、次の「8つの体験」を通して身に付きます。

【魅力を育む8つの体験】

①「愛された体験」………誰かから惜しみない愛情を受け取る（両親、祖父母など）

②**「豊かな生活体験」**……感じて考えながら日常生活を送る
③**「遊び尽くした体験」**…自然の中で、「五感」を使って遊ぶ
④**「葛藤体験」**…………うまくいかないこと、理不尽、苦労など辛い体験をする
⑤**「乗り越え体験」**………辛いことを乗り越えた体験をする
⑥**「哲学する体験」**………「自分とは何か」を考える
⑦**「本音を知る体験」**……大人の世界を垣間見る
⑧**「器を広げる体験」**……どんなときでも、動じずに行動する

「花まる学習会」に通っていた佐藤真人くん（仮名・中学3年生）は、非常に魅力と胆力のある人物です。

佐藤くんには、同じ高校を目指している安達くん（仮名）という成績トップクラスの友人がいました。ところが、佐藤くんだけが不合格。合格発表の夜、佐藤くんに電話をかけてみると、彼は開口一番、「みんなはどうでしたか？　安達は受かりましたか？」と聞いてきたのです。

「安達くんは、受かったよ」と教えると、佐藤くんは「よかった〜。あいつが落ちたらおかしいですからね」と安堵を口にしました。

同じ高校を受験した2人は、いわば、ライバルです。けれど、ライバルである前に、かけがえのない友人です。自分の不遇を嘆くより先に、安達くんの合否を案ずることができる佐藤くんは、人の幸せを願えるやさしさを持っています。

あなたの子どもが、こんな魅力と器を持った子どもなら、社会に出ても、なんの不安もありませんね。

佐藤くんは、自分の気持ちを脇にどけて、相手の気持ちに寄り添うことができる子どもなのです。

◯【第2の力】「体力」…すべての活動の土台となる基礎体力

「成功者」と言われている人に共通しているのは、「粘り強さ」があることです。

思い通りにいかないことがあっても、かんたんには音を上げません。あきらめずに、最後までやり遂げようとします。

強い精神力を支えている根幹となるのが、「体力です」。基礎体力がないと、「ここぞ」という勝負どころで、粘り強く力を発揮することができません。

とくに、「持久力」のある子ども（1500m走が速い人など）は、難しい問題にも、息切れせずに立ち向かう力を持っています。

実際に子どもたちを調べてみると、**「1500m走のタイムが『5分』を切る生徒に、学力が高い子が多い」**ことがわかりました。

東大を卒業した「花まる学習会」の指導員Kさんも、高校時代は、1500m走のベストタイムが、「4分20秒」だったそうです。

◯【第3の力】「やる気」…自分から楽しんで行動する力

子どもの意欲は、「親の学習観」に多大に影響されます。親が一方的に「ああしろ、こうしろ」と押し付けると、子どもは「やらされ感」にさいなまれてしまいます。ある脳科学者が、「やる気になってやったことは伸びる」と言っているように、親が無理矢理やらせた勉強では、子どもはとても伸びにくいのです。

子どもにやる気を出させる「いちばんいい方法」は、**「お母さんがいつもニコニコしていること」**です。東大生の中の本当に優秀な学生に「自分の子ども時代」に関するアンケート調査を行ったところ、全員が「イエス」と答えた質問が「2つ」あったそうです。

ひとつは、「小さいころに、親に『勉強しなさい』と言われたことがない」。

もうひとつは、「お母さんがいつもニコニコしていた」というものです。

お母さんがこの2つを心がけるだけで、子どもは愛されていることを実感し、「自己肯定感」を覚えるようになります。そして**「いちばん大好きなお母さんに、もっと褒めてもらいたい」**という気持ちから、自発的に勉強に取り組むようになるのです。

◯【第４の力】「言葉の力（国語力）」…すべての学力の土台となる力

先日、小川仁くん（仮名・小学4年生）のお母さんから、次のような質問をいただきました。

「高濱先生は30年くらい教育の現場にいますが、結局のところ、『あと伸び』する子どもは、どういう子どもでしょうか？」

私は、そのとき、こう答えました。

「家庭の『言葉の力』がしっかりしている子どもです」

「言葉の力（とくに日本語力）」は、すべての学力の土台です。

小学校の高学年以降は、算数も、理科も、社会も、テストはすべて文章題（文章の形式になっている問題のこと）です。文章題では、「設問の意味を正しく理解」し、そして、「相手に伝わりやすい解答を書く」ことが求められています。

「言葉の力」を磨くカギは、「家庭環境」の中にあります。言葉に対する「家庭文化の差」は、学力の差に、完全に直結しています。

お母さんの言葉は、子どもにとって「世界でいちばん大事な言葉」です。仮にお母さんが「マジ?」「っていうかさぁ」「うざい」といった「くずし言葉」を頻繁に使っていると、子どももマネするようになるでしょう。「親の言葉づかいがちゃんとしていない家庭」に育った子どもは、学力の面で大きな遅れをとる。これは、いままでの経験から、ほぼ100%間違いありません。

子どもの「言葉の力」を伸ばすには、まずは「家庭における言葉の文化」を見直すことが、いちばん重要なのです。

◯【第5の力】「見える力と詰める力(算数力)」…意図を読み取り粘り強く考える力

「算数」とは、ひとことで言うと、「考える力を養う教科」です。「算数」は、計算力や処理能力を問うだけの教科ではありません。
算数特有の「考える力」は、次の「2つ」の力に分けられます。

①「見える力」…イメージしたり、発想したりする力

立体の裏側を想像したり問題文を読んだときに、出題の意図を読み取ることができる子どもは「見える力」を持っています。「見える力」には、次の「4つ」があります。

- **「図形センス」**…必要な線や図形を選択して見たり目に見えない線をイメージする力
- **「空間認識力」**…頭の中で、立体を自由自在に動かす力。3次元イメージができる力
- **「試行錯誤力」**…図や表を実際に書いて、繰り返し試してみる力
- **「発見力」**………既成概念にとらわれずに、新しいアイデアを考えつく力

たとえば、図形センスを磨くには、小さいころから、「たくさん、図形に触れる」ことで、「積木」や「折り紙」で遊ぶのは、非常にいい訓練になります。

藤田綾子さん（仮名・中学1年生）は、小さいころから「折り紙」が大好きでした。その「図形センス」を発揮して、見事、難関中学に合格しています。

藤田さんにとって「折り紙」は、平面でありながら、立体がつくれる「魔法の紙」でした。平面の紙から立体をつくり出せる藤田さんは、やはり「空間認識力」も非常に高いのです。

②「詰める力」…筋道を立てて最後まで考え続ける集中力

先生に答えを教えてもらうことを嫌い、「最後まで自分の力でやり遂げよう」とする子どもは、「詰める力」を持っています。「詰める」には、次の「4つ」があります。

- **「論理力」**…筋道を立てて矛盾なく考える力
- **「要約力」**…相手の言いたいことを的確につかみ取る力
- **「精読力」**…文章を一字一句読み落とさない集中力
- **「意志力」**…途中であきらめず、最後までやり遂げる力

算数は、「自分の頭をどれだけ働かせるか」を問う科目です。「見える力」と「詰める力」が磨かれると、「算数が得意」になるだけでなく、あらゆるものごとを客観的に考える力が身に付きます。

また、この「見える力と詰める力」は、**生まれつきのセンスなども関係なくはないですが、トレーニングでかなりの部分、伸ばすことができる力**なのです。

◯【第6の力】「親子力」…親と子どもの関係から生まれる力

「勉強とは、こういうものである」といった、親の「間違った学習観」が、子どもを「勉強嫌い」にさせることが多々あります。

子どもたちは、年齢が小さいほど親の考え方を「絶対的に正しいもの」として吸収します。親が間違った考え方を持っていると、子どもも「間違った考え方」を身に付けてしまいかねません。

【親の学習観の勘違い】

・【勘違い】問題は、速く解けなければいけない

・【勘違い】外で遊ばせるより、本を読ませるべき

・【勘違い】「できないこと」を「できる」ようにさせるのが先決

・【勘違い】「ドリル」は、たくさんやらせたほうがいい

・【勘違い】同じ失敗を何度もさせてはいけない

・【勘違い】ノートは「きちんと」書かせなければいけない

・【勘違い】小学校低学年も、高学年も「子育てのしかた」は同じでいい

「幼年期」の子どもと「思春期」の子どもは、同じ自分の子どもでも、大きく異なります。同じように見えても、それこそ、「カエル」と「オタマジャクシ」くらいの差があるのです。

ですから、親は、それぞれの特性に合わせ、接し方を変えていかなければならないのです。

また、中学受験をする場合の「中学校選び」は、より、客観的に、全体が見られる、親が主導で決めるのがいいでしょう。

「花まる学習会」の石田純也くん（仮名・小学6年生）は、学校の先生に、「石田くんの成績じゃぁ、A中学校もB中学校も、難しいね。あと丸2年間勉強しても、どちらも受からないだろうから、諦めて、もうちょっと下のレベルの中学校を受験したほうがいいぞ」と、言われて、激しく落ち込みます。

でも、石田くんのお母さんは、ここで、強い「親子力」を発揮します。

「学校の先生の意見は、ひとつの意見だから、気にすることはないよ。それとは、別にお母さんは『偏差値だけで学校を決める』のは、よくないと思っているの。中学校の見学にいったとき、あなたはC中学校がいちばん気に入ったって、言ってたでしょ。**偏差値が高いだけで、中学校を選ぶのではなく、お母さん、あなたが本当に行きたいと思っている中学校に通うのが、いちばんいいと思うのだけれど、どうかな？」**

お母さんのこの言葉で、石田くんは、C中学校の受験を志します。もちろん、そのときの石田くんの成績では、C中学校も、かなり厳し目ではありました。しかし、お母さんの強い「親子力」により、石田くんはあと伸びし、最後は、余裕でC中学校への入学を果たしたのです。お母さんの言葉がやる気をもたらし、誇り高い合格を手に入れた一例です。

◯【第7の力】「あそぶ力」…ものごとを柔軟に考えられる力

「あそぶ力」とは、柔軟な思考力を持つことです。「あそぶ力」には、次の「7つの要素」があります。

- **「別解を楽しむ力」**…自分で思いつくことを楽しむ力
- **「俯瞰する力」**…全体の中の位置を把握する力
- **「切り替える力」**…いくつかのパターンを想定できる力
- **「見方を変える力」**…別のアプローチ方法に気づく力

・**「再試行する力」**…間違いを楽しめる力
・**「ユーモア力」**…人を喜ばせることを楽しむ力
・**「複数の処理を高速で行う力」**…2つ以上の軸で同時に考えられる力

この「7つの要素」を備えた子どもは、広く、深く、さまざまな角度からものごとを見渡せる「視野の広さ」を持っています。

「あそぶ力」が弱い子どもは、いつまでも「ひとつのこと」から「抜け出す」ことができません。たとえば、算数の問題がわからないとき、「このやり方では、違う」ことがわかっていながらも、ほかのやり方を試すことができないのです。

一方、「あそぶ力」を持っている子どもは、常に、2つ、3つの解き方を意識して、「まずは、こっちの解き方をしてみよう。それでダメなら、別のやり方をしてみよう」と柔軟に考えることができるのです。

状況に応じた考え方ができるため、応用力があります。また、ひとつの方法が通じないからといって、あきらめることがありません。

これは、大人になったときに、本当に大切な「力」になってきます。

◯これからは、「本物の頭のよさ」が問われる時代

本書を手にしている多くのお母さん、お父さんが、「わが子を『本当に頭がいい子』に育てたい！」と、切に願っていることでしょう。

だとすれば、まずは、学力偏重、知識偏重《へんちょう》の考え方を、いったん捨ててください。

子どもたちに、この「7つの力」を伸ばす機会を、たくさん、たくさん与えてあげてください。とくに小学校低学年までの子どもたちには、「外に出て、遊び尽くす経験」をさせてあげてください。**私は、野外体験の中に、「幼児教育のすべてがある」と考えています。**

いまのビジネス界は、株式上場を果たしているような大手の企業が、どんどん「事

業縮小」「事業売却」「リストラ」を行っています。偏差値の高い学校に進学させたとしても、その学歴だけで、メシが食える時代は、もう終わりを告げました。

これからは、「本物の頭のよさ」が問われる時代です。

20年後、30年後、「世界」はいま以上に身近になって、国籍、人種、民族を超えた、グローバルな競争とコミュニケーションを求められることでしょう。

そんなとき、世界中の人たちから、

「日本人がこの場にいると、すごく楽しいんだよね」
「日本人ってさ、相手を気づかえる優しい国民だよね」
「日本人は、すごく生き抜く力があるよね」
「日本人ってさ、本当に頭がいい人が多いよね」

と言ってもらえるようになってほしい。子どもたちに「メシが食える魅力的な大人」

に育っていってほしいのです。

いま、未曽有の大災害であった東日本大震災を乗り越え、「世界中が絶賛する日本」を、日本人が取り戻しつつあります。和をもって貴《とうと》しとなす日本人には、その資格があることを確信して、私は、毎日、子どもたちに接しています。

世界中の人々が、日本のよさを学びに来てくれるような、そんな魅力的な日本をつくっていくのは、これからの未来を背負う、あなたの子どもたちなのです。

そして、人との密な関わりを楽しみながら、この「厳しい世の中」を、たくましく生き抜いていける、そんな子どもたちを育てることこそが、そんな子どもたちの明るい未来をつくることこそが、私の、そしてみなさんの役割ではないでしょうか。

本書のタイトルは『本当に頭がいい子の育て方』です。ここでは「頭がいい子」という言葉を使ってはおりますが、先ほども申し上げた通り、私は**「本当に頭がいい子」とは＝「他人を幸せにできる人」**だと思っています。

そして、究極的に、本書をとおして、親御さん、とくにお母さんにお伝えしたいことは、**「子どもは成績が上がることを望んでいるのではなく、お母さんが喜んでくれることを望んでいる」**ということなのです。

本書が、みなさんの子育ての一助となれば、これ以上の幸せはありません。

花まる学習会　代表　高《たか》濱《はま》正《まさ》伸《のぶ》

Contents

本当に頭がいい子の育て方

「魅力」を育む8つの体験

第2の力

体力

すべての活動の土台となる基礎体力

第3の力

やる気

自分から楽しんで行動する力

第4の力

言葉の力（国語力）

すべての学力の土台となる力

第5の力

見える力と詰める力（算数力）

意図を読み取り粘り強く考える力

第6の力

親子力

親と子どもの関係から生まれる力

第7の力

あそぶ力

ものごとを柔軟に考えられる力

○カバーデザイン／重原 隆
○カバー写真／澤谷写真事務所
○イラスト／熊本奈津子
○本文デザイン・DTP／斎藤 充（クロロス）
○編集協力／藤吉 豊（クロロス）
○編集担当／飯沼一洋（ダイヤモンド社）

第1の力

「本当に頭がいい子」7つの力

魅力

人が集まってくる人間としての器

第1の力
魅力

いくら勉強ができても、「魅力」がなければ「メシ」は食えない

さて、では、ここからは、「花まる学習会」で行っている、本当に頭がいい子を育てるための「7つの力」である、

【第1の力】**「魅力」**…人が集まってくる人間としての器
【第2の力】**「体力」**…すべての活動の土台となる基礎体力
【第3の力】**「やる気」**…自分から楽しんで行動する力
【第4の力】**「言葉の力（国語力）」**…すべての学力の土台となる力
【第5の力】**「見える力と詰める力（算数力）」**…意図を読み取り粘り強く考える力
【第6の力】**「親子力」**…親と子どもの関係から生まれる力

【第7の力】**「あそぶ力」**…ものごとを柔軟に考えられる力

を、ひとつずつ解説していきたいと思います。

まずは、**【第1の力】「魅力」…人が集まってくる人間としての器**からです。

「花まる学習会」では、勉強ができるだけでなく、経済的、社会的、精神的にも「一人前の大人」になるために、大前提として「自分の力でメシが食える魅力的な大人になる」ための教育を目指しています。

子どもが、大学（高校／専門学校）を卒業したあとに、あるいは、両親が亡くなったあとに、「自分の力でメシが食える」ようにするのが、親の務めのはずです。

小学校も、中学校も、高校も、大学も、そして「花まる学習会」も、その土台を育むためにあります。私は、

「自分の力でメシが食える魅力的な大人を育てる」＝「自立した大人を育てる」

ことが、教育のいちばんの目標だと考えています。

自立とは、「ひとりきりで生きていく」ことではありません。人間は、自分ひとりの力でできることなど、たかが知れています。

社会で「メシが食える」ようになるには、人とのつながりが必要です。私たちは、家族、友人、上司、部下、同僚、取引先…といった、さまざまな人たちと関わり、つながりながら生きています。学校も会社も、集団生活の場である以上、他者と関わりつつ、良好な関係を築いていく意識を高めていかなければなりません。

他者とよりよい関係をつくるためにも、そして、集団の中で自分の居場所をつくるためにも、「魅力（モテる力）」が必要です。

「魅力（モテる力）」といっても、異性に好かれることを指しているのではありません。美男美女になることでもありません。

自分だけの哲学、チャレンジ精神、意欲とやる気、やさしさ、礼儀礼節、ユーモア、尻込みしない気力、克服体験などが積み重なった「トータルな魅力」があってこそ、人を惹きつけ、人から好かれるのです。

◯「学力」と「魅力」は、必ずしも比例しない

中口隆さん（仮名・48歳）は、口コミで人気の焼き鳥店を営んでいます。大手商社を辞めて店を開き、いまでは、著名人や大手企業経営者からも信頼を集める店主です。

そんな中口さんのお店に、経営者志望の若者、伊藤健太くん（仮名・大学3年生）を連れていったことがあります。

伊藤くんは、大学3年生でありながら、起業家向けのセミナーに参加するなど、勉強熱心。けれど私は、伊藤くんの言動の中に、どこか、「腰が据わっていない印象」を受けていました。いまの状態で起業をしても、伊藤くんが「メシが食える」とは思えなかったのです。

そして、店主の中口さんも、私と同意見でした。伊藤くんから起業の相談を受けた中口さんは、ゆっくりとした口調で、次のように即答しました。

「ごめんなさいね、伊藤くん。お店に入ってから、まだ1時間くらいしか経っていないけれど、キミと高濱さんの会話を聞いていたら、わかったことがある。それはね、いまのままだと、『キミは絶対に、起業に失敗する』から、ちょっと考え直したほうがいいだろうね…」

自立と魅力を体現している中口さんには、「伊藤くんに足りない力」が透けて見えていたのでしょう。中口さんは、次のように続けました。

「あのね…、このお店に来てくださる経営者や成功者を見ていると、彼らは子どものころから、人を惹きつける魅力を持っていることがわかるんだ。きっと、小学校でも、中学校でも、高校でも、大学でも、クラスの中心にいたんだと思う。**新しい遊びをつくったり、友だちにあだ名をつけるのがうまかったり、流行語をつくったりして、クラスをいつの間にか仕切っている…**。起業してうまくいくのは、そんな魅力を持っている人たちなんだよね。伊藤くんはどうかな？　いままで、クラスの中心にいたことがあるかかな？　『おまえって、やっぱり、スゲ〜、おもしろいヤツだなぁ』って言われたこと、どれぐらいありそうかな?」

勉強ができても、できなくても、クラスの人気者になるぐらいのリーダーシップやコミュニケーション能力を持っていなければ、起業しても結果は残せません。

伊藤くんは、たしかに勉強はできました。でも、「人を惹きつける魅力が、まだ足りていない」ことを、中口さんは直観的に見抜いていたのです。

◯「魅力がある人」のまわりには、多くの人が集まる

一方で、私が、「この人は、究極の魅力のある人だな」と思った方がいます。元プロ野球選手の王貞治さんです。

ある会社の設立記念パーティーで、王さんとお話をする機会を得ました。王さんは、私にとって「少年時代のヒーロー」です。憧れの方を前に私が緊張していると、王さんのほうから「『情熱大陸』にご出演されたんですね。すごいですね!」と声をかけていただきました。

私が「子どものころ、王さんの打率を計算していたら、算数が得意になったんですよ！」と伝えると、王さんは私に手を差し出して「高濱さん、お互いに頑張りましょう！」と握手をしてくださったのです。

来賓の挨拶に立った王さんが「仕事というのは、人の役に立つことが大事です」とおっしゃったときは、「ですよね！！」と叫びたくなったほどです。

パーティーの最中、王さんのまわりには、常に人が集まっていました。記録や功績もさることながら、**なによりも「その気さくな人柄」に、多くの人が魅了されているのです。**

「花まる学習会」が、大前提として「メシが食える魅力的な大人になる」という目標をかかげているのは、ただ食えるだけではなく、「人に信頼され、人の役に立つ」ことこそ幸せなのだと、信じているからです。社会性を身に付け、「魅力（モテる力）」を磨いて、

・自然と人が集まってくる人
・「知り合いになりたい」と思われる人
・たくさんの人から応援してもらえる人
・仕事で有能なだけでなく、一緒に仕事をしたいと思われる人

になれたとき、人生は何倍も楽しく、何倍も輝くものになるはずです。

魅力がある人のまわりには、多くの人が集まります。そして、魅力がある人のまわりには、魅力がある人が集まります。

そんな**「幸せの連鎖」を生み出せる魅力ある人に、子どもを育てることこそが、子育ての本当のゴール**ではないでしょうか。

第1の力
魅力

「魅力」を育む8つの体験①「愛された体験」

「お母さんに愛されている」という自信こそ子どもの生きる土台

どれほど勉強ができても、たとえ東京大学に入れても、学力だけでは、伸びやかな人間関係を築くことはできません。小さいころから勉強一筋で遊びたい気持ちを我慢し、人付き合いやコミュニケーションを、あまり学ばないまま大人になる人もいます。人を惹きつける「魅力（モテる力）」は、学歴とは無関係です。学力と魅力は、必ずしも比例するとはかぎりません。

では、どうすれば、「魅力（モテる力）」を養うことができるのでしょうか。人を惹きつける「魅力」は、次の「8つの体験」を通して身に付くものだと考えています。

【「魅力」を育む8つの体験】

①**「愛された体験」**……誰かから惜しみない愛情を受け取る（両親、祖父母など）

②**「豊かな生活体験」**……感じて考えながら日常生活を送る

③**「遊び尽くした体験」**……自然の中で、「五感」を使って遊ぶ

④**「葛藤体験」**……うまくいかないこと、理不尽、苦労など辛い体験をする

⑤**「乗り越え体験」**……辛いことを乗り越えた体験をする

⑥**「哲学する体験」**……「自分とは何か」を考える

⑦**「本音を知る体験」**……大人の世界を垣間見る

⑧**「器を広げる体験」**……どんなときでも、動じずに行動する

脳は、「実際に体験したこと」でしか伸びません。走って、跳んで、ボールを蹴って、ケンカして、怒られて、愛されて…、といった**「体験の量と質」が、子どもの将来を決めます**。

したがって、小学校の低学年のうちから、辛いことに直面する経験、それを乗り越える経験をたくさん積ませたほうがいいのです。親が子どもの体験に制限を設けすぎ

て過保護にしてしまうと、「言われたことしかやらない大人」になってしまうでしょう。

「楽しい体験ならいいけど、愛するわが子に、苦い思いや不自由な思いはさせたくない」という親の気持ちも、もちろんわかります。ですが、親の口出しや介入度が高くなると、子どもの「自立」を妨げてしまうのです。

この「8つの体験」が、なぜ、子どもの「魅力」を引き出すのか。どうして、人間力を膨らませる助力となるのかを考えてみましょう。

◯「あなたはあなたのままでいい」

私は、多くの子どもとその親に接してきた結論として、

「親に愛されていると感じた総量」が、子どもの心に自信を灯す

と確信しています。とくに、お母さんから惜しみなく注がれる「絶対的な愛情」は、

子どもの拠りどころです。

学校で嫌なことがあっても、落ち込むようなことがあっても、家に帰れば、お母さんが笑顔で受け入れてくれる。おいしいご飯をつくってくれる。だから子どもは、安心して「外の世界」に出ていけるのです。


「花まる学習会」取締役の由実（RELLO由実）さんは、幼児教育の現場に立ちながら、「花まるグループ」のメセナ活動（企業が行う文化活動）として、「Gallery okarinaB（ギャラリーオカリナビー）」を設立。自らも展示や創作、音楽活動を続けています。

由実さんは、ときに先生として、ときに「Karinba（カリンバ）」（高濱も参加している4人組バンド）のボーカルとして、人前に立っています。

ですが、彼女が小学生だったころ、もっとも「なりたくない」と思っていた職業が「先生」と「歌手」だったそうです。

内気で、引っ込み思案。鼠径《そけい》ヘルニアとアトピーのため病院通い。通知表には、いつも「積極的に意見が言えるとよい」と書かれていました。

それなのに、彼女はいま、「あのころ、いちばんなりたくなかった職業」をライフワークにしています。

どうして、由実さんは変われたのでしょうか？　どうして、いちばん苦手だったものに挑戦することができたのでしょうか？

それは、**「どんなときも、自分は、お母さんに愛されている」という実感に満たされていたから**です。

由実さんのお母さんは、いつでも由実さんの味方でした。身体が弱くて、人前に出たがらない由実さんに対し「ありのまま」でいることを許していました。

「ママのかわいい由実」「大好きな由実」「あなたはあなたのままでいい」と話しかけ、なんでも大げさに喜んで、愛情を与え続けてくれたのです。

由実さんが自分の殻を破り、いちばんなりたくなかった「先生」と「歌手」として輝いていられるのは、「お母さんに愛されている」という、揺るぎない自信があったからなのです。

◯「お母さんのあたたかな言葉」こそ、子どもの生きる土台

私自身も、母親の「絶対的な愛情」が、生きる力の源泉になっていました。

小学5年生のとき、私は「でこっぱち」とあだ名をつけられたことがあります。オデコが大きかったから、です。教室に入ると、「でこっぱち！　でこっぱち！」と、はやし立てられる。からかわれる。無視される。

「万力に頭を入れれば、縮まるのではないか」と思ったほど、真剣に悩みました。球《く》磨《ま》川の欄干から飛び降りて「死んでしまおうか…」と考えてしまうほど、悩み、追いつめられていました。

そんな私を救ってくれたのが、母です。様子のおかしい私に気づいた母は、理由を問いただすこともなく、

「お母さんは、あんたが元気なら、それでよかと」

と言って、抱きしめてくれました。

学校に行けば、不安になることばかりだけど、家に戻れば、安心できる。自分を丸ごと受けとめてくれる人がいる。不安と安心の繰り返しの中で、私の心は少しずつ強くなっていきました。

お母さんのあたたかい言葉とまなざしは、子どもが強く生きていく土台になります。お母さんにできることは、「子どもに愛情を与え、見守り、信じること」です。お母さんの「あたたかい言葉」「可愛いなと思ってくれているまなざしの効力」は、何十年たった後も、社会人になってからも、記憶の中で生き続けて、失われることはありません。

子どもが言うことを聞かなかったり、少しくらい勉強ができなかったりしたとき、多少感情的になっても大丈夫ですが、突き放すことはしないでください。

とくに、子どもの人格を全否定するような「あなたはダメな子だから!」というよ

うな言葉は、絶対に言ってはいけません。これは「絶対に言わない」と、私、高濱と約束してください。

「あなたは、私に必要なのよ」というメッセージを渡し続けてあげてほしいのです。

「はじめに」でも触れましたが、**究極的に言えば、「子どもは成績が上がることを望んでいるのではなく、お母さんが喜んでくれることを望んでいる」**のですから、お母さんは、そのことを、よく肝に銘じておいて、子どもを愛して包み込んであげてほしいのです。

第1の力
魅力

「魅力」を育む8つの体験②「豊かな生活体験」

「配膳がうまくできない子」は人とぶつかりやすい

「花まる学習会」のスタッフ、竹谷和《かず》さんは、子どものころ、お姉さんと代わる代わる家のお手伝いをしていました。台所掃除をするとき、お姉さんは、蛇口のまわりの水滴を拭き残すことがあったそうです。

竹谷さんは、「お姉ちゃんはあのままにしているけど、蛇口のまわりに水が飛び散っていると、私は嫌だな」と思いはじめ、シンクの水滴を丁寧に拭き取りはじめます。

お母さんは、そんな竹谷さんの心がけをすぐに察して、

「和は、蛇口のまわりまでキレイに拭いてくれるから、お母さんは嬉しいわ」

と声をかけたのです。

それ以来、竹谷さんは、「お母さんは、きちんと自分を見ていてくれている」という「安心感」と、「自分は、掃除が得意なんだ。台所の掃除は、自分がやるべき仕事なんだ」という「誇り」を意識するようになったといいます。

自分が進んで取り組んだことに「誇り」を持つようになれば、「自分に課すハードル」が自然と上がってきますから、「もっと上手になりたい」と工夫を凝らすようになるでしょう。

お手伝いを頼んだとき、お母さんは「子どもが、どのようにお手伝いをしているのか」をよく観察して、その成果を褒めてあげてください。

ただ、子どもはとても鋭いので、「口先だけでご機嫌を取ろうとする」と、見透かされてしまいます。褒めるときは、竹谷さんのお母さんがそうしたように、子どもがしたことに対して「的確に」褒めてあげる必要があります。

日常の生活体験の中で、「お母さんは、わかってくれているんだ」という「図星感」を意識するようになると、子どもは自分に（自分のやるべき仕事に）誇りを持てるようになるのです。

料理や掃除など、家のお手伝いをさせると、子どもは「工夫する力」「やり抜く力」「集中力」を身に付けることができます。

お手伝いをやり遂げた子どもは達成感を味わえますし、親が褒めてあげれば、「もっともっと、お手伝いしたい」と思うのです。

お手伝いは、一度で終わらせないで、長い期間、継続することが大切です。同じことを繰り返すうちに、「こうしたら、もっと上手にできる」という工夫、やり抜く力、集中力などが、備わってくるでしょう。

◯配膳がうまくできない子どもは、集団の中で人とぶつかりやすい

「花まる学習会」では、夏休みを利用した「サマースクール（宿泊型の野外活動）」を実施しています。食事の時間は、子どもたちが自ら配膳や片付けをするのですが、

私たちは、「配膳の時間に、子どもたちがどのように振る舞っているか」に、詳細にいたるまで目を向けています。

なぜなら、その子どもが、「伸びるのか、伸びないのか」は、生活習慣の中から、ありありと、うかがい知ることができるからです。

配膳のしかたや段取りにも、その子どもの感性がにじみ出ています。

・お膳や食器を片手で受け取る。半身で受け取る

……ひとつのことを丁寧にやる経験が少ない。集中力が足りない

・「ありがとう」が言えない。他人と目を合わせられない

……相槌《あいづち》や目配せをすることで、仕事がしやすくなることがわかっていない

・お膳に食器（おかず）が乗り切らない

……視野が狭い。ものをカタマリでとらえる力が足りない

・箸を並べる向きが間違っている（利き手で取りやすい向きに置けない）
……ものごとを効率的に考える力が弱い

・お盆を持っている人が横を通ろうとしていることに、気がつかない
……まわりへの配慮、気配りが足りていない

配膳や食事の所作《しょさ》が乱れている子どもは、自己中心的にふるまったり、集団の中で人とぶつかりやすくなってしまいます。

子は親を映す鏡ですから、子どもが配膳が得意でないのを見ると、日頃の生活体験の中で、家のお手伝いをして、工夫したり、集中したりする機会が与えられていないことがわかります。

それはほかでもなく、その子の親が、お手伝いをさせて「的確に褒めること」の大切さに気づいていない証拠です。

一方、普段から家事の手伝いをして、「自分で工夫すること」を覚えた子どもたち

は、「奥から置くのと、手前から置くのでは、どっちがいいかな」「おかずのプレートは左下に置いたほうがいいな」といったことを自分で考えながら作業をしたり、ムダなおしゃべりを控えたりしながら、テキパキと「いま、やるべきこと」を進めることができるのです。

親は、普段の生活体験の中で、子どもの行動や変化をよく観察して、的確に褒めてあげましょう。そうすれば子どもは、「お母さんは、しっかり見てくれているんだ」「自分のやっていることは、正しいんだ」と自信を持つことができ、**他人を気づかえる魅力のある子ども**に成長していくのです。

「魅力」を育む8つの体験③「遊び尽くした体験」

あと伸びする子どもは、「遊び尽くした体験」がある

中学受験を控える鈴木明くん（仮名・小学6年生）は、小学生にして「大物感」を醸し出しています。

中学受験、それもトップ校を狙う子どもになると、「花まる学習会」の「サマースクール（宿泊型の野外活動）」に参加することは、ほとんどありません。夏休みの夏期講習や勉強合宿をやり切るだけでも、相当、大変だからです。

ですが鈴木くんは、どこまでもやんちゃです。トップ校合格を目指す学力を持ちながら、遊びにも手を抜きません。**サマースクールにも参加して、滝つぼに飛び込んだり、岩場からバク転をしたり、崖を駆け上ったり…。**

ついでに言うと、彼の弟くんも「シュノーケルの口を近づけて、逃げ込む魚をどんどん捕まえる」という、オリジナルの「漁法」を編み出すなど、楽しみ方を知っている子どもです。

鈴木くんは、「もっと上手になりたい」「自分の力でやり遂げたい」という意欲のレベルがとても高いのです。勉強でも遊びでも、「どうしたらもっと楽しくできるか?」を常に考えています。

子どもなりに工夫を積み上げていく野外体験は、算数に必要な「試行錯誤力(240ページにて詳述)」にも、大きくつながっています。

多様な自然の中で、五感を使って「遊び尽くした体験」は、人間力と学力、どちらにとっても必要な「意欲」を育む場となります。子どもにはぜひ、「主体的に野外で遊ぶ機会」を、たくさん与えてあげてほしいと思います。

◯ドリルよりも、「遊びで培った柔軟な思考力」が大切

「子どもを、どうやって伸ばすか」を考えたとき、「ドリル」など、勉強らしい勉強だけをさせようとする親がいます。たしかに、希望の学校に合格させるだけが目的なら、「ドリル」を繰り返しやるのもいいかもしれません。

ですが、志望校に合格して「学歴」をつけたところで、それだけでメシが食えるほど、社会は単純ではありません。

「メシを食う」ために必要な人間力は、ドリルより、幼児期の「遊び」の中で伸びていくものです。

ドリルには、正解が決められています。でも「遊び」は、正解がひとつだけではありません。「遊び」は、自由自在に創り出すことができます。

「どうすれば、みんなが楽しいと思うかな?」

「次は、こういうルールにしたらどうかな？」
「どうすれば、相手も喜んでくれるかな？」

…と発想を膨らませながら、「柔軟にしくみを変える力」「工夫する力」を伸ばしていくことができるのです。

社会の中で突き当たる問題は、答えがひとつとはかぎりません。したがって、子どものころに「遊び」で培った柔軟な思考力こそが、大人になってから役立つのです。

◯「遊び尽くした体験」の中で、生きる力は育まれる

私は、**「遊び尽くした総量」が多い人ほど、あと伸びする**と考えています。成功した人に共通するのは、「遊び上手である」ことです。

東証マザーズに上場している「インフォテリア株式会社」の平野洋一郎ＣＥＯも、「遊び上手」のひとりです。インフォテリアは、企業のデータ連携ソフトウェアでマ

イクロソフトを押さえて、日本一のシェアを獲得したこともあるベンチャー企業（ソフトウェア開発）です。

平野さんは、私の高校の後輩（熊本県立熊本高等学校）に当たります。彼の高校時代の成績は、450人中、440番から450番くらい。奇跡的に熊本大学に入学を果たしたものの、すぐに中退。その後、ワープロソフトの開発や製品企画に従事して、1998年にインフォテリアを立ち上げました。

彼は、優等生ではありません。高校時代の成績は、まさに最下位。大学も中退。熊本弁まる出し。それでも現在は、ソフトウェア業界で存在感を際立たせています。

彼の実家は、「みかん農家」です。**自然に包まれた山間地で、工夫をしながら遊び尽くした野外体験が、彼に「生きる力」を授けたのだと思います。**彼の根幹にある強い心は、遊び尽くした体験の中で膨らんでいったことでしょう。

熊本県の県民性を称して「肥後《ひご》もっこす」と呼ぶことがあります。「肥後もっこす」

とは、正義感が強く、頑固で、妥協しない気質のこと。平野さんは、まさに「肥後もっこす」の典型といえるでしょう。社会がどのように変わろうと、自分の力で生き抜いていけるたくましさを持っているのです。

彼は、「熊本弁ネイティブの会」（熊本弁だけで話すグループ）の管理人をするなど、いまも「遊び」をつくるのがとてもうまい。

この会には、400名以上のメンバーが参加していますが、これほどたくさんの人が集うのは、「おもしろいことをやってくれそう」という期待を抱かせるからであり、平野さんに「人としての遊び心と魅力があるから」にほかなりません。

第1の力
魅力

「魅力」を育む8つの体験④「葛藤体験」

人間、失敗してナンボ。「除菌教育」は子どもを弱くするだけ

私は、**「人間、失敗してナンボ、もまれてナンボ」**だと思っています。

失敗体験、もまれ体験を積み重ねながら、太くて、強くて、しなやかな心が育まれていきます。

男の子であれば、取っ組み合いのケンカも、ときにはあるでしょう。それが「いじめ」にまで発展していないのであれば、親はあまり神経質になる必要はありません。子どもたちは、ケンカを通して、手加減のしかたや「関係を元通りにする方法」を覚えるようになるのです。

子どもの世界にも、「思い通りにいかないこと」がたくさんあります。我慢を強い

られることも、感情を整理できずに思い悩むこともあるでしょう。

ですが、葛藤体験やもめごとに直面するからこそ、自分が感じた痛みを「相手の立場」に置き換えてみたり、「自分のどこが間違っているのか」を自覚できるようになるのです。

浜田康祐くん（仮名・中学3年生）は、高校受験で力を出し切れず、第一志望校に落ちてしまいます。かたや、浜田くんの親友、山本正則くん（仮名・中学3年生）は、見事合格。浜田くんは、気まずさと悔しさをにじませたまま、「花まる学習会」の卒業記念講演会にやってきました。

私が浜田くんを出迎えると、「ほんとは、来たくなかったんですけど……」と、少しふてくされた表情を見せました。ですが、話を聞くうちに「受験に失敗した」ことから得た貴重な経験が、彼の成長の「起爆剤」となったことに、私は気がついたのです。

「**山本は、オレが落ちたことを知って、泣いてくれたんです。**オレはいつも自分のことしか考えていなくて、勉強のコツを見つけても、『これは、絶対、誰にも教えない』と思っていました。でも山本は、いつも、オレにいろんな勉強のコツを教えてくれた。受験の神様は、山本のそういう優しさに気づいていたんでしょうね。だから山本は受かって、オレは落ちた。山本はすごいヤツです……」

……中学3年生で、ここまでのことが言えるとは、浜田くんの将来が楽しみです。

浜田くんは、思い通りにいかない状況の中で葛藤し、自分なりに整理・消化して、前を向こうとしていました。「受験に失敗した」という辛い体験の中で、「かつての自分が自己中心的であった」ことに気がつき、目が覚めたのです。

◯「除菌教育・過保護」は、子どもを弱くするだけ

受験を迎えるまでの浜田くんは、他人と協調できる一方、少々「自分さえよければいい」と考えがちなタイプでした。

もちろん、どんな子どもにも「自分本位な一面」はありますが、浜田くんはほかの

生徒よりも、それが強く出ていました。ところが、試験に落ちて、彼は変わった。親友である山本くんの、曇りのない心根に感化されたのです。私は、彼の変化に胸を打たれました。

「人を思いやる気持ち」を持てるようになれば、それが魅力となり、自然とまわりに人が集まるようになります。浜田くんは、不合格という不本意な体験の中から、人を思いやる気持ちを学んだのです。その気持ちを持ち続けるかぎり、浜田くんの未来は、輝かしいものになることでしょう！

子どもは、自分の心と身体で痛みを体感してこそ、人の痛みもわかるようになります。親は、もめごとや、やっかいごとから子どもを遠ざけようとしますが、でも、もめごとを事前に防いでしまう「除菌教育」・「過保護教育」では、子どもを弱くするだけです。

理不尽に直面したときでも、「なにくそ！」と奮起できる大人に育てるために、親が最もやってはいけないのが「過保護や過干渉」なのです。「自分で問題に立ち向かう機会」を、子ども自身に与えてやるべきなのです。

第1の力
魅力

「魅力」を育む8つの体験⑤「乗り越え体験」

いじめには「やめろ！」と拒否を示す勇気を持つ

子どもの社会も、大人の社会も、人が他人に優越感を持ちたがるかぎり、「世の中から、いじめがゼロになることは、現実的にはない」でしょう。

ということは、「いじめはいつでも起ころうとする。では、どう対処するか？」という認識を持ったうえで、子どもを見守るべきです。そうでないと、対応を誤ってしまうでしょう。

いじめをはねのける力になるものはいくつかあります。ひとつは、とても自信のある得意技、得意分野を持っていること。毅然たる態度が撥水《はっすい》加工のように、いじめの言葉をはじき返します。

もうひとつは、「ケンカのやり方を覚えること」

です。

加藤哲郎くん（仮名・小学3年生）のお母さんは、「子どもを『花まる学習会』から退塾させたほうがいいのではないか」と悩んでいました。その理由は、学校で加藤くんをいじめているると目星をつけていたクラスメイトが、「花まる学習会」に入塾してきたからです。そのことを知った指導員の和泉潤平先生は、

「お母さん、このまま哲郎くんを退塾させても、根本的な解決にはなりません。私が哲郎くんに、身の守り方を伝授します」

とお母さんを説得して、引き止めたのです。

それまでの加藤くんは、嫌がらせを受けても、「やめろ！」と払いのけることができませんでした。いじめる側も、はじめは、いたずらや悪ふざけのつもりだったのかもしれません。

でも、加藤くんが弱気で抵抗しない態度を取っていたため、だんだんエスカレート

していったのでしょう。弱気な部分を見せると、いじめる側は、先生に見つからないように、その弱点を突いて襲いかかってきます。

そこで和泉先生は、加藤くんに「やめろ！！！」と大きな声を出させながら、手のひらを相手のほうに強く差し出す練習をさせました。

最初は弱弱しい声と手のアクションでしたが、何度も大声を出し、何度も手のひらを差し出させていると、しだいに目つきも真剣になります。

子どものケンカは、力よりも「気合い」で決まりますから、大きな声で「やめろ！！！」と切り返すことができれば、ちょっかいを出されることはなくなるのです。

加藤くんは、しだいに、体感覚（声と動作）として、「気合い」を示すことができるようになり、誰からもいじめられなくなったといいます。

教室中に響き渡るほどの大声で「やめろ！！！」と叫べる子どもを、いじめることができる同級生はいません。いじめがなくなったと思われた後からは、勉強も楽しめるようになり、加藤くんのお母さんは、「奇跡みたいです！」と喜んでいました。

たとえいじめにあったとしても、弱気をみせない。「やめろ！！！」と言い返す「気合い」を示す。

現状を打破する強い意志を持てれば、嫌がらせの対象になることはありません。それどころか、「人から頼られる魅力的な存在」に変われるのです。親が子どもに教えられるひとつのカードは、「嫌だ！」「やめろ！」と大きな声で「拒否を示す勇気」なのです。

第1の力
魅力

「魅力」を育む8つの体験⑥「哲学する体験」

人間の魅力は、持っている「哲学」で決まる

谷本雅人くん（仮名・小学5年生）が、突然、「花まる学習会を辞めたい」と申し出てきたことがあります。理由は、「大好きな野球に集中したい」からでした。

彼は地元の野球チームに所属していましたが、週4回の練習が忙しくて、花まる学習会でも、学校でも、どちらも宿題がおろそかになっていました（学校では、居残りで宿題をしていたようです）。

谷本くんは寡黙な男の子で、自分から積極的に話しかけてくるような子どもではありませんでした。そこで、花まる学習会の竹谷和《かず》先生は、谷本くんの話を聞いてみることにしました。

彼は、なかなか自分の気持ちを整理できなかったようです。彼なりに葛藤していたのでしょう。「花まる学習会を辞める」という選択が正しいのかどうか、ひたすら考え続けていたのでしょう。

3度目の面談で、彼はようやく自分の言葉を口にしました。

「……僕は、野球がやりたいです」

寡黙な谷本くんのひと言は、揺るぎない彼の本心です。自分で考え、自分で出した結論です。竹谷先生は、谷本くんの気持ちを尊重することにしました。

「よし、わかった。花まる学習会を辞めてもいい。でもね、先生とひとつだけ約束をしてくれるかな。野球を思う存分やること。それから、学校の宿題だけはしっかりやること。どう？　約束、守れる？」

お別れの日。谷本くんは、竹谷先生に宛てて、1通の手紙を用意していました。そこには、こう書いてあったそうです。

「誓約書　いままでありがとうございました。竹谷先生との約束は、必ず守ります」

私は、谷本くんの心に、「哲学」が目覚めはじめたのを感じました。

彼は、「自分はどのような考え方を持ち、何をいちばん大切にするのか」を自問自答し続けたのです。そして、「自分の意思（哲学）」を持てるようになったのです。

谷本くんの活躍で、野球チームは、見事に地区優勝をはたします。学校の宿題もやっているとのこと。竹谷先生との約束は守られたのです。

◯子どもにも「哲学の世界」がある

子どもが精神的に成長をしてくると、少しずつ、まわりの目を気にしはじめます。

「自分は、相手からどう見られているのだろうか？」「こういうことをしたら、どう思われるのだろうか？」……。

他者へ向けられた意識は、やがて、自分自身にも向けられます。友だちとの関係の中で、「自分のあり方」を考えはじめるのです。そして、

「自分とは、いったい何なのか…？」

という、哲学的な問いかけに思いを巡らせるようになるのです。

子どもにも、「哲学の世界」があります。

「どうして、勉強をしなければいけないのか？」
「どうして、いじめる人がいるのか？」
「どうして、男と女は違うのか？」

こうした思いは、やがて「自分とは、いったい何なのか」という本質的な命題に行き着きます。

たしかな答えはないかもしれません。正解もひとつではないかもしれません。すぐには答えが出ないかもしれません。それでも、子どもなりの感性を働かせて、「自分の哲学」を構築しようとするのです。

私は、12歳のときから「日記」を書いています。日記をはじめた理由は、友人関係で悩んだり、好きな女の子ができたりして、「何か、モヤモヤした思い」が心に沈着するようになったからです。

いいことも、悪いことも、親や先生には言えないことも、すべて日記に書き出してみる。すると気持ちが整理され、自分の頭で考える力がついた気がしました。

少しずつではありますが、「もしかしたら、世の中というのは、こういうことかもしれない」「ああ、人間とは、こういうことなんだ！」という、「自分なりの答え（哲学）」に出合うことができたのです。

◯魅力的な人は「自分の言葉」で語ることができる

「人間の魅力は、最終的に、その人が持っている哲学で決まる」と私は考えています。

哲学とは、

「自分はどのような考え方を持ち、何をいちばん大切にするのか」

を決めることです。自分が優先する「価値の序列」を、自分の中でキチンと明らかにすることです。

私の哲学は、「メシが食える魅力的な大人をたくさん育て、日本をよくすること」です。私の言葉も、行動も、すべては「この哲学」が根幹となっています。

哲学を持つ人は、「他人とは違う自分なりのものの見方に裏付けされた言葉」を使います。だから、説得力と魅力があるし、人の心を動かすことができます。

一方、哲学を持たない人は、「借りものの言葉」を使います。「一般的に正しいこと」を、誰もが使うような言葉で語ったところで、相手の心を動かすことはできません。

「大切なのは正しさではなく、自分の体験の中から見つけた答えを言葉にすること」

なのです。

「花まる学習会」では、年に一度、「作文コンテスト」を開催していますが、私たちが見ているのは、国語力や表現力だけではありません。その子どもが、「どのように、この世界を感じ取っているのか＝哲学」を見ているのです。

子どもに「哲学をさせる」教育は、アメリカの哲学者、マシュー・リップマンによって、1970年代からはじめられています。

哲学教育は、身近なテーマについて自由に対話を進めながら「思考力」と「人間関係の絆」を深める教育です。

「哲学教育」は、アメリカやヨーロッパの（一部の）学校では、すでに取り入れられています。しかし、日本ではまだ馴染みがありません。だから、私は、親子での「哲学対話」をオススメしています。

幼児期や小学校低学年くらいは、まだ「自我」が弱く、語彙《ごい》力も弱いため、哲学をするのは難しいかもしれません。でも、小学校高学年になれば、自分の中のモヤモヤを「言葉で的確に表現したい」と思うようになります。

子どもが小学校高学年になったら、親子で哲学対話をはじめてみましょう。「どうして、勉強をするのだろうか？」「どうして、働くのだろうか？」「どうして、友だちは大切なのだろうか？」……、そんな身近な話からで十分です。

100％の正解はありませんし、結論がでなくてもかまいません。**親子が自分の意見を述べ合うことで、子どもが自分の頭で考えることができ、ひいては、魅力的な子どもに育つことをも促してくれるでしょう。**

第1の力

魅力

「魅力」を育む8つの体験⑦「本音を知る体験」

親は嘘をつかずに、子どもと「本音トーク」をする

杉山正信くん（仮名・中学3年生）は高校受験を控えた大事な時期に、勉強が伸び悩んでいました。

「勉強でいい成績を取って、いい学校に入る」ことしか考えていなかった杉山くんは、模擬試験の散々な結果に、うろたえることになります。

そんなとき、杉山くんのお父さんは、こんなひと言を口にしたそうです。

「人生で大切なことは勉強じゃない、人間性だ。全力でやったんだから気にするな」

杉山くんのお父さんは、「うわべだけの励まし」が何も生み出さないことを、理解

していたのでしょう。

このままでは第一志望は厳しい、という状況を前に「勉強よりも大切なことがある」と、本音をさらすことができるのは、お父さんが子どもを信じているからです。

杉山くんは、お父さんのひと言に「救われた」と感じ、その後、奮起。結果的に、見事、第一志望の合格を勝ち取ることができたのです。

◯子どもの自殺は、いちばんの親不孝である

世界は、2つの側面から成り立っています。「本音」と「建前」です。

私は、**「自分に本音を話してくれる人の数」が、人生の質を決める**と考えています。なぜなら、身近な大人が、子どもに対して本音をぶつけなければ、子どもの哲学的思考力が鍛えられないからです。

キレイごと（建前）だけで育った子どもは、本当に打たれ弱いものです。

マスコミは、基本的に、「建前の世界」です。メディアで尖った発言をすると、「不

適切だ！」と謝罪を求められてしまいます。したがって、「何を言うのか」を取捨選択したのち、あらゆる方面に配慮したことを言うしかありません。立場上、それもしかたがないと思います。

ということは、マスコミの言うことを鵜呑みにしているかぎり、「自分なりの答え＝哲学」を持つことはできないわけです。

だからこそ親は、子どもに「哲学」をさせるためにも、本音を伝えたほうがいいのです。というより、**いまの時代、「本音トークは親しか言えないもの」**だと考えてください。

仮に、ワイドショーで「いじめ」が取り上げられると、コメンテーターは一様に、「いじめはいけない」「差別はよくない」と発言をします。たしかに、100％、そのとおりです。

もちろん、いじめも差別もないほうがいいに決まってるんです。でも、「いじめや差別はいけない！」と、いくらテレビで声高に叫んでも、「いじめも差別もゼロになっていない」というのが、厳然たる事実なのです。

だからこそ、「いじめや差別はよくない」と論じる前に、「人間は、自分が弱い状態になると、いじめや差別をしてしまう生き物である」ことを教えたほうがいいのです。

「人は、自分にコンプレックスがあると、それを隠そうとするあまり、他人を攻めたり、責めたりすることがある」ことを教え、その前提を踏まえたうえで、親と子が「哲学対話」をすべきではないでしょうか？

いじめを苦に自殺をした子どもに対し、コメンテーターは口を揃えて、「絶対にあってはならない事件が起きた」と嘆きます。

でも、そんなことをいくら言っていても、現実として、事件は全国の学校で起きているのです。ではどうして、「絶対に自殺をしてはいけない」のでしょうか。その答えに踏み込むコメンテーターが少ない気がします。

「亡くなった子が悪いっていうのか！」という攻撃を受けるから、テレビのコメンテーターは触れることができない。それはよくわかります。だからこそ、親は本音をぶつけねばなりません。

「何があっても絶対に死ぬな！　親より先に子どもが死ぬのは、いちばんの親不孝だ」

ということです。このことに理屈はいりません。ダメなものはダメなのです。

いじめを受けた子どもたちに「なぜ死ななかったのか？」と問いただすと…、

「お母さんに、申し訳ないから」

と答える子どもが多いそうです。この言葉を聞くだけで、私は、涙が出そうになります。

子どもは、親を不幸にしてはいけない。だからどんなことがあっても、生きる努力を続けなければなりません。いじめられたら「やめろ！！」と大声を出して、全力で拒絶すればいい。本当にそれでもだめなら、逃げ回ってもいい……。

「子どもが死んだら、いちばんの親不孝になる」

「子どもが元気なら、親はそれだけで嬉しい」

という「本音」を、親はわが子に伝えるべきなのです。

◯親の本音トークは、子どもの世界観の足場となる

「本音トーク」は、子どもの偏った常識を壊し、ものの見方に新たな一面を付け加えます。

田中洋助くん（仮名・小学5年生）のお父さんも、本音で語れる大人です。田中くんには、「こっちが解ければ、こっちは解けなくていい」「苦手なものは捨てたって、結果を出せればそれでいい」という消極的な姿勢が見受けられました。

「苦手なものは捨てて、得意なもので点を取る」という考え方は、一見、効率よく見えます。

ですが田中くんのお父さんは、「それは、わからないことから逃げているだけだ。そんなふうに考えているなら、おまえに中学受験はさせない」と戒めたのです。

「中学受験は、受験生を鍛える壁のようなものだ。学校は、おまえたちに『こういう問題が解けるように、鍛錬してほしい』という願いを持って、試験を作成しているはずだ。だったら、難しかろうがなんだろうが、真っ向勝負をしてみよう。『これはわからないから、やらなくていい』と逃げているヤツは、たぶん、合格しない。どんな問題でも自分で考え抜こうとするヤツが合格する。それが、真っ当な考え方だ」

お父さんから「中学受験の本音」を聞かされた田中くんは、「真っ向勝負」の大切さに気づき、手を抜かなくなりました。「この問題が壁ならば、必ず理解してやろう」と、気持ちを入れ替えたのです。

小学校の高学年になれば「先生やマスコミが言うことと、現実の本音は、どうも違う」ことを察しはじめます。子どもが知りたいのは、理想論やキレイごとではありません。

「子どもが知りたいのは、本当のこと」

子どもが自分なりの哲学や世界観を構築するには、大人が、嘘をつかないことです。一般論に逃げないことです。

「あの人はこう言ってたけど、お父さんは、こう思う」「テレビではこう言ってたけど、お母さんは、別の見方をしている」と、ぜひ、親の本音をさらけ出してください。

何度も書きますが、生き方に「正解」はありません。ただ、「よく生きている人」には「哲学」があります。

「真実ではなく、信念を伝える」

子どもは、「親の本音」を足がかりにしながら、自分なりの「哲学」を形成していくものなのです。

第1の力
魅力

「魅力」を育む8つの体験⑧「器を広げる体験」

「相手はどう思うだろうか?」と想像することで、器は広がっていく

「器・胆力」とは、ものに動じない気持ちのことです。胆力や器量の大きな人は、人を惹きつける人間的な魅力を持っています。

自分が窮地に立ったときでも、他人のことを考えられる余裕を持ち、決して心を乱さず、悠々と行動できるからです。

たとえば、安達翔くん(仮名・中学3年生)。内申はオール5、野球部では部長を務め、文武両道。学校でも、「スクールFC(小学生〜中学生対象の花まるグループの進学塾部門)」でも、大変、人気のある生徒でした。

ある日、スクールFCの授業が終わったあとで、安達くんは、同じクラスの女子生

徒4人から声をかけられました。

「安達くん、あのおもしろいやつ、やってよ！」

安達くんは「しかたないなぁ〜」とまんざらでもない様子で、お笑い芸人、スギちゃんのモノマネを披露したのです。

4人の女子のうち、安達くんが話したことがあるのは、ひとりだけ。あとの3人は違う中学校に通っているので、ほとんど話したことはありません。

それでも安達くんは、もったいぶることも、恥ずかしがることもなく、堂々とモノマネを披露し、女の子たちを笑わせていたのです。

スクールFC教育長の中林荘太さんは、**「いつでもどこでもバカになれる力が、安達くんの強さだな。こいつの胆力は、やっぱり、すごいな」**と感心したといいます。

◯「相手を察知する力」＝「人に好かれる力」

小林紀之くん（仮名）は小学6年生になっても幼児性が抜け切れず、気にいらないことがあると、すぐに腹を立てます。

自分が問題を解けたときは、「こんなの、かんたんでしょ」と勝ち誇り、自分が解けないと「キィ〜」と腹を立ててしまう。まだ、自分の感情をコントロールできなかったのです。

ただし、天才的な算数力を持っていて、学力レベルは抜きん出ていました。

結局、小林くんは、偏差値70オーバーの私立中学に「特待生」として合格を果たしました（ただし、第一志望はさらに上にありました）。

同じ日に、この中学の合格を勝ち取ったのが、村山光一くん（仮名・小学6年生）です。小林くんにとっては「おさえ」でも、村山くんにとっては第一志望です。高い壁を乗り越えた村山くんの頑張りに、家族みんなが大喜びしたそうです。

小林くんと村山くんの合格は、スタッフの川島慶《けい》さんにとっても朗報です。ですが川島さんの胸中には、一抹の不安がよぎりました。「得意げで勝ち気な小林くんが、『特待生』であることを自慢して、村山くんの喜びに水を差すのではないか」……と。

川島さんは先回りをして、小林くんにお話をします。「特待生で合格したことを、村山くんには黙っておいてほしいんだ…」

その後、クラスで受験の話題を切り出したのは、村山くんです。村山くんは、小林くんを見て、こう言いました。

「まぁ、いくら小林が頭がよくても、さすがに特待はないでしょ！！」

普段の小林くんなら、「バカにされた」と怒り、感情に任せて「自分は特待だ！」と言い返していたと思います。でも、このときの彼は違いました。

「ああ、そうだね」

と、ひと言だけ答えたのです。反論したい気持ちを飲み込み、自制して、それ以上、口を開くことはありませんでした。

おそらく小林くんは、気づいていたのだと思います。まわりとの不協和の原因が、これまでの自分の言動にあったことに。だから、彼なりに「自分を変えたい」と思ったのでしょう。

「相手がどう感じるかを察知する力」＝「人に好かれる力」です。

自分の言いたいことだけを言っているうちは、まわりの人を不快にするだけです。「こう言われたら、相手はどう思うだろうか」と、想像することができるようになると、人間関係でつまずくことは少なくなるでしょう。

小林くんの変化は、その第一歩だと思います。

自分をぐっと貶《おとし》めて道化《どうけ》になることも、言いたい自分に蓋をして、目の前の人の気持ちに寄り添うことの価値も、まさに、まわりの大人たちの人としての力量が試される教育課題だといえるでしょう。

第2の力

「本当に頭がいい子」7つの力

体力

すべての活動の土台となる基礎体力

第2の力
体力

体力は、「人生のすべての土台」である

メシが食える魅力的な人、とりわけ、業界のトップリーダーと評される人たちは、人並みはずれた「体力」を持っています。

２０１４年３月に、私は沖縄で開催された「G1サミット」（各界のリーダーが合宿形式で行う勉強会）に、パネリストとして参加しました。

G1サミットには、全体会や分科会のほか、アクティビティのプログラムが設けられています（自由参加）。２日目の午前中に行われたのは、ビーチトライアスロンです。種目は、アクアサイクル、シーカヤック、水泳の３種目。本格的な競技というよりは遊びの延長で、いわば「トライアスロンごっこ」です。

私は「時間ができたらプールで２㎞泳ぐこと」を習慣にしているので、水泳にはか

なり自信を持っていました。「ためしに、出てみようかな」とも思ったのですが…、見送って正解でした。同世代はもちろん、私よりも年配の方々が、ものすごいスピード、ものすごい迫力で泳いでいたからです。もし参加していたら、間違いなくビリになって、恥をかいたでしょう。

彼らは、たとえ遊びでも、手を抜きません。全力で遊び尽くします。そして、くたくたになっているはずなのに、疲れたそぶりは少しも見せず、午後からはディスカッションに参加。前のめりになって学んでいるのです。

彼らには、「疲れたから、休む」といった選択肢がありません。体力があるから、疲れない。少々疲れても、健全な身体があれば「なにくそ根性」を発揮できるのです。

彼らはいつでも快活で、いつでも意欲的に人生を楽しんでいます。それができるのは、**「体力」という人間にとってのいちばんの土台がしっかりと築けているから**です。

◯「体力」のある子どもは、学力も伸びていきやすい

文部科学省では、例年「全国体力・運動能力、運動習慣等調査」を実施しています。日本全国の小学5年生、中学2年生全員を対象として行われるスポーツテストです。秋田県や福井県など、この体力調査で好成績を残した県は全国学力調査でも好成績を残していて、学力と体力には、明らかに相関関係があることがデータ上うかがえます。体力に自信がある子どもほど「学校の勉強が好き」という調査結果も出ています。

また、体力とメンタルヘルスとの関係も明らかです。大人も子どもも、定期的にスポーツをしている人は、ストレス耐性が高まったり、抑うつ感や疲労感を感じにくくなります。

「健全なる精神は健全なる身体に宿る」という詩句もあるように、体力の健全な発達によって、メンタルヘルスを良好に保つことができるのです。

まさに「体力」は、知力、学力、精神力、を支える土台といえるでしょう。

中学時代、野球部に所属していた武藤孝司くん（仮名・中学3年生）は、「ラグビーがやりたい」という理由で、「本郷高等学校」への受験を決めました。

彼が志望校を「本郷」に絞ったのは、中学3年の夏です。ただ、その時点の学力レベルから判断すると、彼はボーダーライン上にいて、「受かるか受からないか、ギリギリ」でした。そこで、「スクールFC（花まるグループの進学塾部門）」のスタッフは、武藤くんに「これをやっておくこと！」と膨大な量の課題を出しました。合格レベルにある生徒でも、3週間はかかる量です。

ところが武藤くんは、驚くほどの粘り強さと集中力で、それを「1週間」でやり遂げたのです。

体力のある子どもは、逆境に強い。彼には、野球部で鍛えた体力がありました。その体力が、彼の心を強くしたのです。

ひと昔前の子どもたちは、日常生活の中で、体力をつけていました。川遊びをしたり、山を駆け巡ったり、木登りなどをすることで、自然と「体力の土台」ができあがりました。

「花まる学習会」が野外体験に精力的に取り組んでいるのも、「日常の遊び」を通して、運動神経や、体力や、感性を養ってほしいと思っているからです。

第2の力
体力

「休まない」という能力は、信頼に値する才能のひとつ

1993年に「花まる学習会」をはじめてから、私は、一度も、体調不良で授業に穴をあけたことがありません。

子どもたちと外遊びをしたり、水泳を続けたことで、体力的にも、精神的にも、非常に充実しています。

筋力がついて体幹がしっかりしてくると、心の中にも一本芯が通ります。困難な事態に直面しても「よっしゃぁ、やるしかなかばい!」と立ち向かう力がわいてきます。

由実さんを「花まる学習会」の取締役に抜擢したのは、「授業に一度も穴をあけたことがない」ことも、ひとつの大きな理由です。

「仕事を休まない」というのは、信頼に値する才能のひとつです。「何かあると、すぐに休んでしまう人」に、大きな仕事を任せることはできません。

子どもがちょっとでも体調を崩すと「無理をさせたくないから」という理由で、学校を休ませる親がいます。たしかに、症状が重かったり、感染症などでまわりにうつす心配がある場合は、休ませたほうがいいでしょう。

しかし、なんでもかんでも「心配だから」と休ませるのは、間違いだと思います。「ちょっと風邪をひいたら、休んでいい」が常習化すると、大人になってからも「軽い風邪なので、大事をとって会社を休む」が当たり前になってしまいます。

学校や塾の「皆勤賞《かいきんしょう》」をほしがる子どもは、少しくらい具合が悪くても、「絶対に、学校に行きたい！」と言い張るものですし、

その気力があれば、2時限目が終わるころにはコロッと元気になっている

ものなのです。

具合が悪くても、子どもが「学校に行きたい！」というときは、インフルエンザなどの感染症でないことを確認し、子どものやる気を認めてあげたうえで、マスクをさせるとか、先生に連絡を入れておくなど、できるかぎり学校へ行かせてあげましょう。

○やせ我慢をするから、「自分の限界」が伸びていく

最近は、「暑さ」や「寒さ」への耐性が弱い子どもが目立ちます。

サマースクールに行くと、「暑い〜、だるい〜、がまんできない〜、エアコンつけて〜」と不満を口に出す子どもがいます。

エアコンを入れれば快適にはなりますが、エアコンに頼り切った身体は、人間が本来持っている「暑い環境にも適応する力」を奪ってしまいます。

「炎天下で遊ぶと熱中症になるからダメ！」と言って、外に出ず、エアコンの効いた

部屋でおとなしくしている子どもと、炎天下の中で、水分を多めに取りつつ、大汗をかいて野外で遊び尽くしている子どもでは、どちらが「暑い環境」に適応できるでしょうか。

間違いなく、後者です。普段から暑さに慣れていれば、「あ、そろそろ水を飲んだほうがいいかな」「そろそろ、日陰に入ったほうがいいかな」という、脱水症状の「限界（リミット）」を、体感覚的に理解できるようになると思います。

私は高校時代、野球部に所属していました。

私が高校の当時は、どの野球チームもそうでしたが、

「バテるから、練習中に水を飲んではいけない！」

といわれた時代でしたから、喉はカラカラ。練習中に、「まわりの景色が銀色に見えた」こともあります。

おそらく、脱水状態になっていたのでしょう。

「これ以上ガマンすると、死ぬかも」と焦り、ボールを拾いに行くと見せかけて、こっそり水を飲んだことも、何度もありましたし、「コーチに隠れて水を飲むテクニック」も、何パターンも身に付けたものです。いまはない、理不尽な時代の思い出です。

しかし、野外活動でのたくましい工夫が、将来の仕事に役立つわけですし、「もう、これ以上は限界だ」と嘆きながら、それでもやせ我慢を続けるうちに、少しずつ、自分の身体が暑さに順応し、強い体力をつくり上げてくれたのです。

人間には、自分の「身体の変化」を本能的に察知するプログラムがあります。ところが、軟弱な環境にばかり身を置いていると、このプログラムが発動しません。

体温調節がうまくできない子どももいますし、「熱中症」を知らない子どももいますから、「暑い日は、のどが渇く前に水分を大目に補給する」など、ある程度は、大人が予防措置を講じる必要はあるでしょう。

しかしそれ以上に、子どもを日常的に外で遊ばせて、「暑さに負けない体力」をつくることのほうが、圧倒的に大切なことなのです。

第2の力
体力

「マラソン」が得意な子どもは、学力レベルも高い

埼玉県立浦和高校は、埼玉県はおろか全国でもトップクラスの進学校です。この高校では、1959年（昭和34年）から、浦和〜古河《こが》間（約50㎞）の「強歩《きょうほ》大会」を行っています。各関門には制限時間が設けられ、時間内に通過できないと失格です。実質的にはマラソン大会に近いため、別名「古河マラソン」とも呼ばれています。

私が考えるに、この強歩大会には、「自分の目標を決め、その達成を目指す」「仲間の大切さを学ぶ」「大会を支えてくれる人たちへ感謝する」といった意義があると思います。

そして、「長距離を歩き抜く脚力が、生きる力につながる」ことを経験的にわかっ

ているからこそ、フルマラソンより長い、約50㎞を走るという行事が、浦和高校の伝統行事として根付いているのだと思います。

当塾スタッフ、川島慶《けい》さんの母校、栄光学園高等学校には、海、山のキャンプ、30㎞を踏破《とうは》する「歩く大会」といった、身体（脚力）を鍛える行事があります。最寄り駅から学校まで続く、通称「栄光坂」も、鍛錬の場になっているようです。川島さんは、「花まる学習会」で、さまざまなしくみを構築する、非常に優秀なスタッフです。**いい意味で、とてつもなく、あきらめが悪い！**「やる」と決めたらとことんやり切る彼の粘り強さは、栄光学園時代に、運動によって培われた部分が大きいのだと思います。

◯「脚力」のある子どもほど、あと伸びする

身体の働きと脳の働きは、密接な関わりがあります。「手先きが器用な人は、発想力がある」「ピアノが得意な人は、算数も得意」といわれることがあるように、私は、

「脚力のある子ほど、あと伸びする」

と考えています。

子どもたちを見ていると、走り込んだ子、遊び込んだ子ほど、「やり抜く力」を持っています。

「はじめに」でも書きましたが、実際に子どもたちを調べてみると、**「1500m走のタイムが『5分』を切る生徒は、学力が高い」**ことがわかりました。これは、とてもおもしろい結果です。

東大を卒業した「花まる学習会」の指導員Kさんも、高校時代は、1500m走のベストタイムが、「4分20秒」だったそうです。

また、本書の編集を担当していただいている、ダイヤモンド社の飯沼一洋さんも、小学校時代のマラソン大会は、常に、学年で1ケタの順位。1500m走のベストタイムは、4分50秒とのことです。ちなみに私自身も4分50秒だったと記憶しています。

飯沼さんは、高校3年生になるまで、一度も「塾」に行ったこともなく、勉強もほとんどしていなかったため、現役の大学受験では、すべての大学に落ちて「全滅」してしまいます。しかし、翌年、そこから一念発起して、1日10時間勉強×350日と、とことんやり抜いて、大学に合格しています。

たとえ、それまで勉強をしていなかったとしても、脚力に比例する心の強さがある人は、とことんやり抜いて目標を達成する粘り強さがあるという証明でしょう。

また、長年指導をしていて思うのは、トップ校に入れる子どもと、入れない子どもの決定的な差は、「粘り強さ」にあります。

「スクールFC」の「スーパー講座（スーパー算数／スーパー国語）」では、最難関校の入試問題など、ハイレベルな思考力問題を出題します。

難しくて、そうかんたんには解けない問題を前にしたとき、「わからない。もう、ヤダ！」とあきらめるのか、それとも、逃げ出さないで向き合うのか。

「脚力（とくに、持久力）」のある子は、難しい問題を前にしたときでも、「あきらめないで、最後までやり遂げたい！」という粘り強さを発揮しています。

思考力問題も長距離走も、「粘り強さ」が求められるという点で、とても似ているのです。

◯日常生活の中で、「脚力アップ」を習慣化する

脚力は、日頃の生活の中で、鍛えることが可能です。エレベーターを使わないで階段を上り下りしたり、電車に乗ったら「立ったまま」でいるのもいいでしょう。親子でジョギングやウォーキングをするのもオススメです。

走るスピードはゆっくりでもいいですし、難しければ歩くのでもいいので、できれば毎日続けてください。

そうすれば、子どもの脚力は確実にアップします。親子のコミュニケーションも図れるようになるため、親子の絆を深めるのにも役立ちます。

私は子どもたちに「スポーツ系の部活」への入部をすすめています。しかも、できるだけ「厳しい部活」に入ったほうがいいでしょう。

小1のころから「花まる学習会」に通っていた中野愛さん（仮名・高校1年生）は、

「高濱先生も、親も、『体力が大事だ！』って言うから、あえて、いちばん厳しい部活に入りました！」

と言って、名門女子校の「ボート部」に入部しました。ボート部というのは、どの学校も、相当、厳しいことで有名です。

体力的に精神的にも、非常に鍛えられ、中野さんはますます健康的に輝いています。

親御さん自身に「厳しいスポーツをした体験」「厳しい部活動に入部した体験」があるのなら、ぜひ「部活動の大切さ」を、子どもに語ってあげてください。

「辛いこともある。練習は大変。でも、人として成長できる」ことを、ご自身の体験の中から話してあげてください。

そして「応援するから、運動部、頑張ってごらん！」と、あたたかい声をかけてあげてください。小学校、中学校、高校の運動部は、体力、脚力、ひいては「精神力」を鍛える、絶好の場となってくれるのです。

第3の力

「本当に頭がいい子」7つの力

やる気

自分から楽しんで行動する力

第3の力

やる気

「自分が好き」な子どもは、努力ができる

長谷川亮くん（仮名・小学4年生）は、算数に関して、天才的なひらめきを発揮する子どもです。大人を唸らすような解答をつくることもあります。

ただ、幼児性が解消されておらず、とくに、食べ方がちょっと汚いのです。食べ散らかしたり、くちゃくちゃと音を立てて食べることもありました。

もちろん長谷川くんのお母さんは、「わが子の食べ方が汚い」ことに気がついていますし、できれば直したいとも思っています。ですが、基本的には長谷川くんのすべてに肯定的です。

「注意をする」というよりは、子どもへの期待のあらわれとして、「ちゃんと食べら

れるようになろうね」と声をかけることはあっても、

「どうして、あなたは、そんなに汚い食べ方しかできないの！」

とイライラすることはありません。「じきに直るだろう」と、気長にかまえています。

長谷川くんのお母さんの対応は、正しいし、大物を育てられる器のお母さんだと私は思います。その理由は2つあります。

ひとつは、**「子どもの脳力《のうりょく》というものは、総量が決まっている」**からです。長谷川くんの脳力の大部分は、算数に向かっているのですから、小学4年生の段階では、まずはその方向にエネルギーを使わせたほうがいいと思います。

子どもは、それほど器用ではありません。たくさんのことを、すべて100％の脳力で対応することは難しい。別のことに気を取られると、せっかく天才的に算数に向いている脳力が、分散されてしまいます。

長谷川くんが「ごはんは、キレイに食べなくちゃいけなんだ」と自らにストレスをかけすぎると、生活習慣を改善することはできても、その半面、算数力が止まってしまうことが考えられるのです。

もうひとつの理由は**「15歳を過ぎれば、たいていの子どもは、自然と落ちつくようになる」**からです。

経験上、どんなにやんちゃな子どもでも、15歳前後になると、分別がつきはじめます。食べ方の汚い長谷川くんも、15歳になれば、「こんな食べ方をしていたら、恥ずかしいな…」「食べ方を直さないと、友だちから笑われちゃうかもしれないな…」と、自分で気づくようになるのです。

だとすれば、いまは、「あれしろ、これしろ」と子どもにストレスをかけるより、長谷川くんが「得意なこと」を褒めて、それを伸ばしてあげて、「自分が好きという自己肯定感」をつけさせたほうがいいと思います。

学校や友だちといった「外側」からの承認も子どもを強くしますが、しかし、子どもの自己肯定感の中心にあるのは、なんといっても「親の言葉」です。

そして、小学校の低学年までの子どもなら、とくに「お母さんの言葉」が最も重要なのです。親の承認が、何よりも「子どものやる気」を育てるのです。

親に認められた経験は、子どもの根っこを強くします。ですから親は、とにかく子どもを褒めてあげてください。

ですが、「褒めること」と「甘やかしたり、過保護にすること」を混同しないようにしてくださいね。

◯「安心できる居場所」があると、子どもは自分が好きになれる

8、9歳くらいの幼少期までに「頭のよさ」の核心部分が育ちます。さらにこの時期は、
「人生を前向きに生きることができるか」

という、社会人としての根っこが育つ時期でもあります。そして、**「前向きに生きる力」は、その子どもが持っている「自己肯定感」の総量によって決まります。**

自己肯定感とは、「自分のあり方を評価できる感情、自らの存在意義を肯定できる感情」のこと。わかりやすくいうと、

「自分が好き」

と思える気持ちです。

「自分が好き」と思えるようになれば、「自分を信じる」ことができます。「自分は、やればできるんだ」という有能感が支えとなって、ものごとを前向きにとらえることができます。

「自分の好きなことを続けていけば、いずれ、うまくなるんだ」「最初は苦手なことでも、途中で放り出さなければなんとかなるんだ」と、体感覚として実感できれば、子どもは努力をいとわず、どんなことでも乗り越えようとするでしょう。

では、わが子に自己肯定感を持たせるには、どうすればいいのでしょうか？

自己肯定感の土台となるのは、「安心できる居場所」です。

まわりの顔色をうかがって「怒られるんじゃないか、笑われるんじゃないか、バカにされるんじゃないか」とびくびく怯えているようでは、自己肯定感は育ちません。

自己肯定感を伸ばすには、「のびのびと自分を表現できる環境があること」が前提なのです。

自己肯定感には「層」があり、大きく2つの層にわかれていると私は考えています。「内側の層（中心の層）」と、「外側の層」です。内側の層は、家庭によって築かれ、外側の層は、学校・友人など、外的な環境によって築かれます。

子どもが自分を好きになるために、もっとも重要なのは、「内側の層＝家庭」です。外の環境で嫌なことがあっても、家に帰れば安心できる、お母さんがひたすら笑顔で受けて入れてくれる。お母さんがいつも褒めてくれる。そう思えるからこそ、子どもは、外で頑張れるのです。

◯できないことを叱るより、できたことを褒めてやる

親は、とかくわが子の「できない部分」に目が向きがちです。子どもがテストで85点を取っても、「100点満点に15点届かなかった」ことが気になります。そして、

余計なひと言が口をついてしまいます。

「もう少しで満点だったのに、どうしてできなかったの？」
「また、同じところで間違えちゃったの？」
「なんで、こんなにつまらないミスをしたの？」
「もっと頑張ってほしい」という親心だとは思いますが、実は、こうした叱責は、とても罪深い。

なぜなら、子どもを萎縮させてしまうからです。「どうして、あなたはできないの！」と責められ続ければ、大人だってやる気をなくしてしまいます。

前にも書きましたが、「あなたは、できない子だから！」というような子どもの人格を全否定する言葉は、絶対に言ってはいけません。親は、これは「絶対に言わない！」と、私、高濱と約束してくださいね。

とくに小学校低学年のうちは、怒るより褒める。少しでもいいところがあれば、褒めてあげてください。

「あら！　ずいぶん頑張ったわね！」

と認めてあげれば、子どもは褒められた嬉しさから「もっと、できるようになろう」「もっと、お母さんを喜ばせよう」と前向きになるでしょう。

第3の力
やる気

「共感力」が高い子どもは「みんなと一緒」に成長できる

「エリート」というと、「社会や集団で、指導的、支配的役割を受け持つ層」のことだと思われていますが、私の解釈は違います。真のエリートは、社会的な身分序列の頂点に立つ人のことではなくて、

「真のエリート」＝「本当に頭がいい人」＝「他人を幸せにできる人」

であると私は考えています。真のエリートが持っているのは、権力でも、地位でも、富でも、名誉でもありません。「人としての魅力」です。

小学生にしてその象徴的な道を歩んでいる女の子がいます。安藤さとみさん（仮名・小学5年生）です。私が安藤さんにエリート性を感じるのは、彼女が、「他人の気持

ち」と「自分の気持ち」を重ね合わせる感性を持っているからです。安藤さんには、
「みんなの幸せが、私の幸せ」
「みんなが嬉しいと、私も嬉しい」
と思える「共感力」があります。だから彼女のまわりには、いつも笑顔が絶えません。

安藤さんは、トップ校も狙える優秀な生徒でありながら、決して「ガリ勉」タイプではありません。

まわりを巻き込むのが上手で、クラスのムードメーカー的な存在です。

「スクールFC（花まるグループの進学塾部門）」の授業中に、「この問題、説明したい人いる？」と先生が声をかけると、「え！　私、やりた～い！」と、真っ先に手を挙げます。

「次の授業までにこの問題が解けたら、黒板に答えを書いちゃっておいていいよ」と言えば、「絶対やるっしょ！」と声を上げて、クラスの雰囲気を明るくします。

出題された問題をクラスの全員が解いたときは、「やった！　イェイ！」と、誰よ

りも破顔して喜ぶのです。

「共感力」が弱い子どもは、「自分だけできればいい」と考えがちです。でも、安藤さんは、違います。

彼女はこの世界を「美しいもの」として見ています。だから、抜け駆けすることも、誰かの足を引っ張ることも、人を妬むこともなく、「みんなで一緒に喜ぶ」ことができるのです。彼女は「お母さんの愛情」をたっぷり受けて育っているのです。

◯先に相手を理解し、先に相手を受け止める

人と接するときの基本姿勢は、**「先に相手を理解し、先に相手を受け止めること」**です。そのためには、「他人事を自分事として理解する力」＝「共感力」が必要です。共感力を使って相手の心中を察することができれば、本質をはずさないコミュニケーションができるようになります。

子どもが、クラスメイトや塾の仲間を否定する発言をしたときは、自分勝手な解釈（自分に都合のいい解釈）をしていることが考えられます。そんなときは、

「でも、それは、実は、こういうことだったのかもしれないよ」
「そのお友だちは、こういうふうに考えていたのかもしれないよ」

と、別の見方があることを教えてあげましょう。

そうすれば子どもは、「○○ちゃんはああ言っていたけど、本当は、こういうことかもしれないな」と、想像力を働かせて、**もう1歩、相手の視点に立った考え方に近づけるようになります。**

世の中には、いろいろな人がいて、いろいろな考え方があります。ときには友だちとケンカしたり、モメることもあるでしょう。

それでも「世の中は、悪い人ばかりじゃない」と思えることができたなら、その子どもは「他人を幸せにできる人」、つまり「本当に頭がいい子」になれるはずなのです。

第3の力

やる気

「わかっちゃった！」の快感を味わった子どもは、勉強が大好きになる

私がまだ、塾業界の「新参者」だったときのことです。某大学で行われた教育心理学の研究会に、お声がけいただきました。

参加者は、私以外、教育界の一線で活躍する識者や優秀な研究者、その卵たちです。

その日は、私が発表する順番になっていて、「単なる計算だけでなく、思考力を養う目的で、このような教材をつくっています」と、みなさんに「なぞペー（なぞなぞペーパーの略で、花まる学習会のオリジナル問題）」のプリントを配布しました。現物をお渡ししたほうが、私の狙いを理解してもらいやすいと思ったからです。

私が具体的な説明をはじめると、みなさん、私の話はそっちのけで、ペーパーに夢

中です。

「………という理由で、われわれ『花まる学習会』は、これからの教育を変えていきたいと思っています！」と20分ほどで発表を終え、「それでは、『なぞぺー』の答えをお教えします」と言ったとたん、会場の雰囲気が一変しました。全員が私を見て、叫んだのです。

「やめてください！」と。もちろん、『なぞぺー』の答えを言わないでください、という意味です。

私はこのとき、**「だから、ここにいる人たちは、ここまで登りつめることができたんだ」**と納得がいきました。

その会場にいたのは、数学（算数）の猛者《もさ》ばかりです。なにも、ここで、小学生向けの問題にムキにならなくてもいいはずです。

おそらく彼らには「うわっ、わかっちゃった！」という、「自分で答えにたどり着いたときの快感」が、すり込まれているのだと思います。

この「わかっちゃった快感」を知っている人は、「自分の頭で考えること」をやめません。答えを教えてもらうなんて、もってのほかです。答えを教えてもらったら、「わかっちゃった快感」が味わえないからです。

問題が難しければ難しいほど、解くまでの時間が長ければ長いほど、得られる「快感」も大きくなると知っている。だから難しい問題ほど、やる気を見せます。「最後まで自分で考えよう」「最後まで食らいつこう」という気持ちを持っている人は、執着心が強い。少しくらい理不尽な目にあっても、あきらめません。だから、強い。だから彼らは、研究なり実業の世界において、大きな結果を残すことができているのだと思います。

実は、私も、なんと、丸2年間かけて、考え続けた難しいパズルがあります。ある日、あるとき、突然に、「うぉ、きた！　これだ！　わかっちゃった！」とひらめきました。答え合わせをしてみると、大正解。

パズルが解けたところで、お金がもらえるわけでも、誰かに褒めてもらえるわけでもありません。それでも、丸2年間、考え続けてよかったと思っています。身震いするほど大きな「わかっちゃった快感」を味わうことができたのですから。

◯「自分の力で解き明かす」快感を、子どもに経験させる

「花まる学習会」では、子どもたちに、「わかっちゃった快感」をたくさん与えてあげています。その快感を教えることこそ、私たちの教育です。

「わかっちゃった快感」を味わえば味わうほど、「自分で考えること」が好きになります。「なぞぺー」や「アルゴ（推理カードゲーム）」の答えを、教えようものなら、

「やめて！」

「つまらなくなるから、教えないで！」

「自分でやりたい！」

と、すぐに子どもたちから声が上がります。自分でゴールにたどり着くことが、何よりの快感であることを、子どもたちも、体感覚としてわかっているのです。

難関中学に入るような子どもは、その傾向がとくに顕著です。納得がいくまで、食い下がります。彼らは、答えが知りたいのではありません。**「自分の力で解き明かしたい」のです。**

結果として答えにたどり着けなかったとしても、「わかっちゃった快感」を忘れないかぎり、子どもはいつまでも、探究心を持ち続けることができるでしょう。

「わかっちゃった!」という快感を知らない子どもには、まず「わかると、楽しい、嬉しい!」という経験をふませることです。

快感の総量が少ない子どもは、「自分の力で解き明かしたい」という欲求が希薄ですが、最初から「自分ひとりで考えさせよう」とすると、すぐに投げ出してしまいます。ですので、はじめは、親と子が一緒に問題を読んで、少しずつ子どもにヒントを与えていくといいと思います。

間違えたら「おしい!」と励まし、正解したら「やった! できたね!」と褒めてあげましょう。

子どもに、「やった！」「わかった！」「嬉しい！」という快感を少しずつ覚えさせることができれば、「次の問題も解いてみたい」という意欲（やる気）を生み出せるはずです。

◯「ここまでは、やり切る！」という、やり通す習慣が大切

「最後まで、自分の力でやり遂げたい」という気持ちは、「遊び」の中でも育むことができます。

たとえば、「砂山をつくって、トンネルを掘り終える」と決めたら、たとえ日が落ちても、掘り終えるまでは家に帰らない。

つまり**「ここまでは、やり切る！」と自分で決めたのなら、最後までやり切る。**

「決めて、やり遂げる。決めて、やり遂げる」の繰り返しの中で、ひとつのことをきちんとやり通す習慣が身に付いていきますし、やり遂げれば「やった！」と楽しくなって、さらなる「やる気」がわいてくるのです。

第3の力
やる気

「誰もやったことがないこと」に挑戦するから楽しくなる

「花まる学習会」では、「花まる漢字テスト（花漢）」を実施しています。

その効果が信頼されて、複数の公立小学校でも取り入れられていますが、ある学校の先生から、次のような指摘をいただいたことがありました。

「この漢字は、前の学年ですでに教えていますが、この別の読み方はまだ教えていません。問題ミスとして処理していただけませんか？」

これは、とても、杓子定規《しゃくしじょうぎ》な考え方だと思います。私たちは、「ひとつの漢字を覚えるときは、別の読み方や、その漢字を使った熟語を自分で調べよう」と指導しています。それが、「主体的に学ぶ」ということです。

中学でも、高校でも、大学でも、超難関校を受験しようと思えば、「何これ、見たことないよ！」と、予想外の問題が出題されることがあります。

それでも混乱せずに、自分の持っている知識を思い出し、組み合わせていけば、必ず答えにたどり着くことができるように、問題がつくられているのです。

「習っていないものは、できるはずがない」と短絡的に決めつけているかぎり、応用力は身に付きません。それでは、社会に出てからも、言われたことしかできない大人になってしまいます。

算数が嫌いな子どもと、算数が大好きな子どもの両方に、「まだ誰も解けたことがない難問」を出題したとします。

すると前者は、「習っていないんだから、解けるわけありません」と最初からあきらめて、考えようともしません。「先生、正解はなんですか？」と、すぐに答えを聞いてきます。

一方、算数が大好きな子どもたちは、「誰も解いたことがない」と聞いた瞬間に、俄然、やる気を見せて解こうとします。

算数の答えはひとつでも、解き方はひとつではありません。成績上位の子どもはそのことがわかっているので、自分の知識を紡ぎ合わせ、見方を変え、発想力を働かせ、

「こう考えてみたらどうだろう？」

「別解で解いてやろう！」

と、試行錯誤を続けます。壁を突破するおもしろさを知っているのです。

◯社会に出たら、「習っていないからできない」は通用しない

「すぐに答えを知りたがる」ことの弊害は、理解力にあらわれます。

先生が模範解答を教えると、そのときは「なるほど！」と、わかったつもりになります。ですが、「自分で考える」というプロセスを飛ばしてしまっているために、理

解が甘いのです。

そのため、少しでも「ひねった問題」が出ると、とたんに対応できなくなります。「あれ？　おかしい。この解法で解けるはずなのに、解けないや…」と首をひねりながら、子どもたちは、また答えを聞きにきてしまいます。

「人に聞く」こと自体は、間違いではありません。ですが、毎回、毎回、すぐに答えをもらっていては、「自分で考える」という習慣が身に付きません。その結果、「習っていないとできない人」「教えてもらわないとわからない人」ができあがってしまうのです。

学校では、「先生から教わった答え」を答案用紙に書けば、いい点数がもらえるかもしれません。ですが、仕事は違います。

仕事の答えはひとつではありません。「答え」は、自分で見つけなければなりません。**「これは習ったからできる。これは習っていないからできない」は通用しないのが、ビジネスの世界なのです。**

大人になって社会に出れば、「習ってないことばかり」です。でも、「教えてもらっていないから」という理由で、仕事を放棄するわけにはいきません。教えてもらっていなくても、自分で方法を考え、答えにたどり着かなければならないのです。

ビジネスの世界では、「他人と差別化できなければ、生き残れない」「必要とされる人材になるには、人と違ったことができなければならない」と考えられています。私も、その通りだと思います。

社会に出て、オリジナリティを発揮したければ、「誰もやったことがないこと」「誰もが難しいと思えること」にこそ、挑戦しなければなりません。

「誰もやったことがないことは、やらないほうがいい」「誰もやっていないのは、難しいからだ」と保守的に考えるのではなく、「誰もやっていないからこそ、新しいチャンスがある」と、積極的に考えられる子どもに育ってほしいと思います。

「これ以上進むと危ないから、ここにいたほうがいい」と歩みを止める人は、それ以上、自分を伸ばすことはできないでしょう。

◯「そんなことより、勉強を頑張りなさい」と、親は言わないこと

川口典明くん（仮名・小学3年生）は、作文に「将来はレゴビルダー（レゴブロックを使ってさまざまな作品をつくる人）になりたい」と書くほど、レゴブロックが大好きな子どもです。

彼がすごいのは、ブロックパーツ単体を組み合わせて、誰もつくったことがない「オリジナルの作品」をつくること。

彼がレゴブロックでつくった「グランドピアノ」は、屋根も、棒も、鍵盤も完璧に再現されていて、クラスの仲間も、先生も「すげぇ〜！　どうやってつくったんだコレ！」と声を上げたほどでした（しかも色違いで、もうひとつのグランドピアノをつくっていました！）。

もうひとり、おもしろい子どもがいます。野口さとしくん（仮名・小学5年生）で

す。

野口くんの特技は「魚をさばく」こと。彼は、自分からお寿司屋さんに飛び込んで、「すみません！　魚のさばき方を教えてください！」と、職人さんに頼み込んだのです！

彼には、「教えてもらうのを待つのではなく、自分で調べにいこう」という積極性がありました。だから、どんどんうまくなったのです。

いまでは、親でもさばけない魚を、かんたんにさばくことができます。

川口くんと野口くんに共通しているのは、お母さんが「子どもを信じていたこと」です。

「そんなことより、勉強を頑張りなさい」と言わずに、見守っていたことです。

そして、子どもが何かを身に付けるたび、「よくできるようになったね！　すごいね！」と褒めてあげたのです。

だから、子どもは自尊心が満たされ、「やったことがないこと」にも、素直にチャレンジできるようになったのです。

「自分の力でメシを食う」には、「この先に何があるかわからないけど、おもしろそうだから行ってみよう」と、一歩を踏み出す勇気とやる気が必要です。

「誰もやったことがない」ことを乗り越えることができたら、誰も味わったことがない快感を独り占めできるでしょう。

それを手助けしてあげれるのが、親の子どもへの信頼なのです。

第3の力
やる気

たとえ停電や雨でも、前向きに行動できる人になる

東日本大震災での原発停止による「計画停電」のとき、「自前の豆電球カンテラ」をつくって授業をしたことがあります。

子どもたちは、「じゃあ、自分も！」と、一緒にカンテラをつくり出し、「もっと大きいのをつくったぞ！」と競い合うようになりました。

私たちは、どんな状況にさらされても、生きていかなければなりません。

「電気がつかないから、ちゃんとした授業ができない」と嘆くよりも、手づくりの灯りで勉強をするというのも、経験になるよね」と気持ちを切り替えられる子どものほうが、間違いなく強いし、人生を楽しめると思います。

◯「与えられた条件」の中でベストを尽くす

子どもたちには、「どんな状況でも、前向きに行動できる人」に育ってほしいと、心から願っています。

思い通りにならないとき、うまくいかないとき、辛い気持ちになったときでも、すぐに気持ちを切り替え、与えられた条件の中でベストを尽くす。**「できない理由」を探すのではなく、「なんとか、できる方法」を考え続ける。**

不満や愚痴ばかりこぼしていては、人生の時間がもったいないと思います。

子どもたちが楽しみにしていたサマースクールで、「3泊4日間の天候が、すべて雨」だったことがありました。

すると、なかには「あーあ、雨だよ」「せっかく楽しみにしてたのに、つまんないなぁ～」「いいなあ、晴れの回だった人たちは～」、とブーたれる子どもがいます。

そこで私は、子どもたちに向かって、こんなことを言いました。

「全部雨だったから、残念に思っている人もいるよね。でも、こういうことは、10年に一度あるかないかの、すごくめずらしいことだよ。ほかの子どもたちには体験できないことなんだから、逆にラッキーかもしれないよ。天気って、人間の力では選べないけど、その中で、できるかぎり楽しむしかないんじゃないかな。みんなは、雨の中をダッシュしたり、びしょびしょに濡れたままお風呂に飛び込んだり、水たまりにビッチャンビッチャン靴を突っ込んだり、いつもはできない遊びがたくさんできるよね。それって、『与えられた状況を楽しむ』ことができる、ってことなんだよ」

サマースクールの感想作文では、「自分は最初『雨だから嫌だな』って言っていたけれど、間違いだとわかりました！」と書く子どもが、かなりいました。

「みんなには、どんな状況でも楽しめる大人になってほしい」という私の思いは、子どもたちにも伝わったようです。

○親が「いまの状況」を楽しんでいれば、子どもにも伝わる

社会に出れば、**「自分の責任じゃないのに、不運だ！」としか言えない境遇に追い込まれること**があります。そんなときでも泣き言を言わず、

「どうすれば、この状況を変えることができるか」

「どうすれば、この状況に楽しみを見出すことができるのか」

を考えられる人は、とても魅力的です。

どんな状況でも満喫できる大人に育てるためには、親が率先して「いつでも、どこでも、楽しむ姿勢」を子どもに見せてあげてください。

突然の夕立にあったからといって、文句を言わない。濡れることさえいとわない。むしろ子どもの前で、「びしょびしょに雨にぬれるのも気持ちいいよ！」と喜んでみせる。傘をささずに、子どもと一緒に駆け出すくらいでちょうどいいのです。

雨を楽しむ親を見て、子どもも楽しさを覚えるでしょう。思いきりその場を楽しめる子どもは、社会の不条理をものともしない「したたかな大人」に成長するはずです。

第3の力
やる気

「ギリギリもしかしての目標」が、やる気のスイッチを入れる

あと伸びする子どもに共通しているのは「目標設定のさじ加減」をわきまえている、ということです。目標が高すぎることもなく、低すぎることもなく、**「自分なりに必死でやって、ギリギリもしかして到達できるかどうか」**のところに目標を定めています。

「手に届くか、届かないか、ギリギリのところ」に目標を設定するからこそ、やる気のスイッチが入るのです。

２０１０年、サッカー・ワールドカップ（南アフリカ大会）において、当時、日本代表を率いた岡田武史《たけし》元監督は、チームの目標を「ベスト４」に設定しました。

岡田監督は、根拠なく「ベスト4」を持ち出したわけではありません。「手に届くか、届かないか、ギリギリのところ」に目標を設定することで、選手たちに妥協しない姿勢を植え付けたのです。

自国開催以外では、まだ1勝もしていない状況で、「優勝」を口にするのは、現実味がありません。「そんなの、無理だよ…」と、まわりもシラけてしまうでしょう。

ですが、韓国がベスト4に入った実績を踏まえると、アジア勢でトップレベルの日本も、「ベスト4」なら狙えるのではないか……。

岡田さんの心中には、そうした目算があった気がします。

「ベスト4」には届きませんでしたが、グループリーグを突破することができたのは、「ギリギリの目標設定」が選手のやる気を出させたからではないでしょうか。(「ザックのW杯目標設定に見るバランス」二宮寿朗／「現代ビジネス」講談社…参考)

◯「ギリギリの目標設定→達成」の繰り返しが成長を促す

「手に届くか、届かないか、ギリギリのところ」に目標を置くからこそ、届いたときの喜びは大きくなります。

中学2年生のときに級長だった私は、「合唱コンクール」の指揮者をすることになりました。当時の時代背景としては、クラスには当たり前のように「ワル」も多く、そうそう言うことを聞いてくれません。

ところが、半ば、ケンカ腰で彼らと接するうちに、いつもはサボっていた生徒たちが、やがて、真剣に取り組んでくれるようになったのです。

そこで私は、「このままみんながまとまったら、いい結果が残せるかもしれない」と考え、3位以内に入ることを、クラスの目標にしました。

結果は……、優勝！

優勝が決まったとき、私の頭の中は真っ白になって、男子も女子も関係なく、涙で抱き合いました。もし私が「ケンカばっかりしているクラスじゃ、どうせ無理！」とあきらめていたら、この感激を味わうことはなかったでしょう。**「3位ぐらいなら、ギリギリもしかして！」**というところに目標を設定した結果、意外にも、目標を上回る「優勝」を手にすることができたのです。

先日、ひとりの若者が、こんなことを言っているのを聞きました。

「5年以内に上場したい！」

高い目標を掲げるのは悪くはありませんが、でも彼は、「目標設定のしかた」を見誤っています。現実味がまるでない。

なぜなら、彼はまだ会社すらも、つくっていないからです。「上場」という目標を掲げる前に、まずは、足元をしっかり見て、とにかく、まず「起業」すること。そして、今日1日をムダにせず、ビジネスに必要な知識と経験を蓄えることです。

「ギリギリもしかしての目標」を設定して、うんうん唸りながら考えて、努力して達成していく。ひとつクリアしたら、次の「ギリギリもしかしての目標」を設定して、さらに努力を続けていく。

「ギリギリの目標設定→達成」を繰り返すことでしか、自分を成長させることはできないのです。

また、**子どもの目標設定は、親がしてはいけません。**子どもの目標は、「子ども自身」で立てさせたほうが、絶対にいいのです。

親が立てた目標に子どもを従わせようとすると、目標に届かなかったとき、親自身が納得できません。

腹を立て、「どうして、できなかったの！」と心ない言葉を浴びせれば、子どもの自己肯定感は奪われてしまいます。また、「子どもが自分で立てた目標」のほうが、「やらされ感」がないため、子どもは、やる気に満ちて楽しく行動できます。

逆に、親から見て、子どもが立てた目標が高すぎたり、低すぎたりする場合は、調整してあげてください。「漢字を毎日30個覚えるのは、もう少しあとにしようね。まずは毎日10個からはじめて、少しずつ増やしていこうよ」など、うまくバランスを調整してあげる。それが「目標設定における親の役目」なのです。

第4の力

「本当に頭がいい子」7つの力

言葉の力（国語力）

すべての学力の土台となる力

第4の力
言葉の力
（国語力）

「国語力（日本語力）」は、すべての学力の土台である

坂口みゆきさん（仮名・小学4年生）は、「ダラダラと話す癖」がありました。

「先生、今日、こんなことがあって……、あんなこともあって……、それから、こうで……、あぁで…」。

私は彼女に「『ようするに、何なのか』、『まとめると、何なのか』、を意識して話すと、話がギュっとまとまって、相手に伝わるようになるよ」とアドバイスをしました。

その後、彼女の話し方と、言葉の選び方が変わります。

短い文字数の中に「自分の言いたいこと」を絞り込めるようになったので、まず、国語の点数が上がり出しました。

そして、その後、少しずつ算数の成績も伸びてきました。

「この問題で言いたいことは何なのか？」を的確につかむことができるようになり、間違った解釈をしなくなったことが、成績を伸ばした要因です。

日々の言葉づかいが変わったことで、国語だけでなく、算数の成績も、グンッとアップしたのです。

◯「国語力（日本語力）」は、学力そのもの

私は、「すべての学力の土台」は、「国語力（日本語力）」にあると確信しています。

人は「言葉」を使って考え、「言葉」を使って表現します。学力と知性の根幹には、言葉の力（＝国語力）があるのです。

つまり、**「人間は、言葉を使って世界をとらえている」**のです。

『新約聖書』には、「はじめに言葉ありき　言葉は神とともにありき　言葉は神なりき」

（ヨハネによる福音書」第1章）とあります。

言葉は神であり、この世界の根源として言葉（神）が存在するという意味です。私は特定の宗教を持ちませんが、それでも、**「この世界の根源に言葉（＝神）がある」**という考え方には、賛成です。

「国語力」は、「学力」そのものです。
「国語力」は、「実力」そのものです。

講演会などで、私が「国語は、すべての教科の土台です」とお話すると、
「それは本当ですか？　国語と算数では、習熟のしかたが、まったく違うのではありませんか？」
と、疑問を持たれる方がいます。

でも…、本当のことです。「国語と数字の類似性」に気がついていないとしたら、「算数の問題（とくに文章題）は、日本語で書かれている」ことを忘れています。

私は以前、「算数の文章題」でつまずく子どもたちを集めて「つまずきの理由」を調べてみたことがあります。その結果、問題が解けない理由の「約7割」が、実は、

「問題の文章そのものを、正しく読み取れていない」

ことにあることがわかりました。

図が描けないとか、式が立てられないといった算数的な要因で解けないのではなく、「日本語で書かれた問題の意味を、そもそも理解できていなかった」のです。

小学校高学年以降は、算数も、理科も、社会も、テストはすべて文章題になりますから、「国語力」が備わっていなければ、問題を解くことができません。

単語の意味がわからなかったり、文脈を正しく追うことができないと、問題を解く以前に、そもそも**「問題の中に入れない」**のです。

算数の問題に「ここに、飛び石があります」と書かれてあったとき、「飛び石」を

知らない子どもは、問題そのものの意味を理解できません。

ですが、「飛び石」＝「少しずつ離して置かれた石」であることがわかっている子どもは、図や絵を描きながら問題を解くことができるのです。

◯「国語力」がなければ、社会で生きていくことはできない

さらに突き詰めて考えると、「国語力（日本語力）」は、「学力」のみならず、「生きる力の土台」であることがわかります。「国語力」が低いまま育つと、

「自分のことを、正確に表現できない大人」

「相手のことを、正確に理解できない大人」

になってしまい、他者とのコミュニケーションを図ることができません。

コミュニケーションを成立させる「聞く・話す・読む・書く」のすべては、「言葉（国語）」によって行われています。ということは、

「国語力なくして、社会の中で上手に生きていくことはできない」

と言っても過言ではないのです。

第4の力
言葉の力
(国語力)

国語力を伸ばすカギは「家庭の中」にある

言葉を「正確に聞き、正確に話し、正確に読み、正確に書く」ためには、子どものころから、

「言葉の厳格さ」

を身に付けるべきだと思います。たとえば、「平行四辺形とは何か」と問われたとき、「長方形のひとつ」と解釈するだけでは、厳格さに欠けています。

「平行四辺形とは、2組の向かい合う辺が、それぞれ平行である四辺形」のことであり、「長方形とは、4つの角がすべて直角である四辺形」である…ということを正確

に言葉で説明できなければ、算数を解くことはできません。

　では、どうすれば「言葉への厳格さ」を身に付け、「国語力」を育むことができるのでしょうか？


「言葉の厳格さ」を磨くカギは、「家庭環境にある」と、私は考えています。

「花まる学習会」の授業が終わったあと、保護者と子ども（小学1年生）の会話を聞いていると、その子どもが「伸びるか、伸びないか」が、すぐにわかります。

言葉に対する「家庭文化の差」は、学力の差にも直結しています。「伸びる子ども」の親は、「言葉」に対する感度が高く、表現も正確です。

　たとえば、子どもが、

「サッカーは嬉しい」

と言ったとき、

「そういうときは、『嬉しい』じゃなくて、『楽しい』のほうがピッタリくるわね」

と、すぐに（それも、自然に）、正しい言葉づかいを教えようとします。

このほか、
「お父さん、お母さんが本をよく読む」
「お父さん、お母さんが辞書をよく引く」
など、言葉の文化度が高い家庭で育った子どもは、早い時期から「正確に聞き、正確に話し、正確に読み、正確に書く」ための基礎が固まっています。

学力は、「言葉の厳格さ」がないと積み上がっていきません。言葉の使い方を吟味する親の姿を見て育った子どもは、学力の面で、圧倒的に有利なのです。

「国語力」は、「家庭の力」「家庭の文化」によって決まります。

子どもに「国語力」を身に付けさせたければ、「親が変わる」ことが絶対条件です。子どもに「ゲームなんてやっていないで、本を読みなさい」と言いながら、自分はテレビを観ている…。それでは、子どもを変えることはできません。

また、親が「マジ？」「っていうか」「うざい」といった「くずし言葉」を使っていると、当然、子どももマネするようになります。

子どもは「お母さんが使っている言葉は、正しい」と認識するため、大人になってからも、「くずし言葉」を、何の疑問もなく使い続けてしまうでしょう。

子どもを塾に入れたり、ドリルをやらせたりすることも大切ですが、まずは「家庭における言葉の文化」を見直してみてはいかがでしょうか。

第4の力
言葉の力
（国語力）

子どもの語彙《ごい》を増やす「6つ」の方法

「スクールFC（花まるグループの進学塾部門）」に、「3年間、ずっと、サッカーの作文だけを書き続けた」子どもがいます。高橋勝くん（仮名・中学3年生）です。

高橋くんはいつの間にか、自分の身体感覚（実際の体験）を巧みに、正確に、多様な語彙力で表現できるようになりました。

いつも同じ表現ばかりでは、当然、本人自身も飽きてきます。だから、書き方を工夫するようになったのでしょう。

「巻き込むように、ボールの右サイドをこすり蹴った」

「ボールがつま先に当たる瞬間に、ギュイッと力を込めた」

「ボールがヒュッと足に吸い付くように、ドリブルをした」

高橋くんのお母さんは、最初は「サッカーのことばかり書かないで、もっとほかのことも書いてほしい…」と不満げでしたが、サッカーだけを題材に、「身体感覚を表現する」ことを続けたからこそ、状況描写が非常に上手になったのです。

◯「言葉の数」は、日常の体験から増やすのが基本

言葉の正しい使い方を習得するには、「語彙」の数を増やす必要があります。
「知っている言葉（語彙）」の数が少ないと、「自分の言いたいことを的確に伝える」ことも、「相手の言いたいことを正しく理解する」ことも、「出題意図を汲み取る」ことも、できにくくなります。

では、どうすれば、語彙を増やすことができるのでしょうか？
それは…、前述の高橋くんのように、

日常の中にとけ込んでいる言葉を、実体験として少しずつ、すくい取り、摂取して、語彙力を身につけていく

しかありません。「家庭でできる語彙力のつけ方」にはいろいろありますが、その中で、とくにみなさんに実践していただきたい「6つの方法」をご紹介します。

①「家族旅行」や「外遊び」で「感じる心」を育てる

国語のテストで問われる「物語の情景」や「人の気持ち」は、さまざまな「原体験」を積むことで、はじめて理解できるようになります。そのためには、「外遊び」や「家族旅行」がオススメです。

「知識」として言葉を覚えるのではなく、経験の中で「体感覚」をともないながら、意味を理解する。そうすれば、文章中の見えない描写をイメージできるようになります。たとえば、

「夏の終わりの早朝、露をおいた草の上に座れば、お尻が濡れる」

という文章を読んだとき、実際に「お尻を濡らした体験」がない子どもは、知識の域を出ることができません。「へぇ～、そういうものなんだぁ…」で終わりです。

ですが、実際の「原体験」がある子どもは、「あれか～」と、「自分のお尻が濡れたとき」のことを思い出して、豊かな連想力を働かせることができるでしょう。

言葉の源にあるのは、実際の「原体験」です。実際の「原体験」を言葉にする練習を積むと、「表現の正確さ」「説得力」「描写力」を高めることができます。

「国語力」は、子どもが経験の中で主体的に勝ち取る部分が大きいので、親は子どもに、たくさんの旅行や外遊びをさせてほしいと思います。

「実際に、体で経験して、それを自分の言葉で言語化する」

その繰り返しこそが、国語力を育む近道です。

②見たこと、感じたことを「比喩《ひゆ》」で表現する

「比喩」が使えるようになると、表現に奥行きが出ます。

「もみじがキレイ」と表現するより、

「燃えるような、紅《くれない》のもみじ」

と表現したほうが、赤々とした色彩を印象的に伝えることができます。


比喩表現は、慣用句として暗記するだけでは、なかなか使えるようにはなりません。

比喩表現が使えるようになるには、親がお手本を見せてあげるといいでしょう。

「実際の景色を見たとき（体験したとき）」に、

「○○のような、△△」

という表現を親が使ってみせるのがいちばんです。


「こういうときは『水を打ったような静けさ』っていうのよ」

「こういうときは『抜けるような青さ』っていうのよ」


すると子どもは、**「何かにたとえると、表現に深みと味わいが加わる」**ことを理解しやすくなると思います。

③子どもの疑問にきちんと答える

とくに小学校低学年までの子どもは、見聞きする言葉に、強い興味を抱いています。「それ、なに?」「あれ、どういうこと?」「これ、どういう意味?」と子どもが質問してきたら、きちんと答えてあげてください。

家事をしているときに、あれこれ聞かれると、「忙しいのに、ヘンなこと聞かないでよ」と突っぱねたくなる気持ちもわかります。

でも親は、子どもの好奇心に水を差してはいけません。子どもの「どうして?」には、真剣に付き合ってあげましょう。

もちろん、親にだって、答えられないことがあると思います。そんなときは、「どういうことだろうねぇ? お母さんにもわからないなぁ。じゃあ、一緒に調べようか」とか、「あとで調べて教えてあげるね」と返事をして、子どものやる気につなげてあげてください。

④リビングに「辞書」を常備する

言葉の正しい意味や使い方を理解するために、ぜひ、「辞書（国語辞典）」をたくさん使い倒してほしいと思います。

私は以前、「国語力」と「親が辞書を引く頻度」の関係性について、調べてみたことがあります。

中学3年生を対象に、「お父さん、お母さんは、辞書を引く人ですか？」という質問をしたところ、**「親が辞書を引く頻度と、子どもの国語力」が、完全に正比例していることがわかりました。**

子どもに「辞書を引きなさい」と諭すだけでは、ダメです。子どもに辞書を引く習慣をつけさせるには、親もその習慣を持つことが大切なのです。

親が「わからないことは、すぐに調べる」という習慣を持つ。そして、辞書を引く姿を子どもに見せてあげる。そうすれば、子どもも、「わからない言葉をそのままにしちゃいけないんだ。わからない言葉があったら、調べよう」と思うようになります。

子どもが「○○○って、どういうこと?」と聞いてきたら、子どもに辞書を手渡して、一緒に引いてあげるのもいいでしょう。そのためにも、国語辞典を「リビングの常備品」にしておく必要があるのです。

よく「電子辞書でも大丈夫ですか?」と聞かれます。もちろん大丈夫ですが、紙の辞書には、紙の辞書ならではの魅力があるので、必要だと思っています。

⑤「日記」をつけさせる

「書くこと」に慣れさせるには、「日記」がオススメです。日記は、自分が体験したこと、自分が感じたことを「正確な言葉を使って書く」ためのトレーニングにもなります。

1日に書く量は、多くなくてもかまいません。1行や2行でもいいので、**「とにかく毎日の習慣にすることが、最も大切」**です。

日記は、「正直な自分」と向き合う場でもあります。

もちろん、小学校低学年までの子どもは、「その日の出来事」を書くだけで精一杯でしょう。

けれど小学校高学年にもなれば、自分のドロドロしたところ、嫌やなところ、情けないところなど、**「いいがたい自分の心境を言語化しよう」**とします。自分の思いのたけを綴ることで、心の整理や心の浄化ができるからです。

子どもに日記を書かせるときは、ひとつだけ、条件があります。その条件とは、**「子どもが小学5年生になったら、親は子どもの日記を、絶対に見ない」こと**です。

親が子どもの日記を見ているうちは、子どもは「自分の本音をさらけ出す」ことができません。

5年生になると、子どもは、「親の前にいるときとは、まったく違う自分」を持つようになります。

私も日記を書いていましたが、中学生のころは「親には絶対に見つからない場所」に隠していました。友だちの悪口、好きな女の子への思い、「親にも絶対に言えない正直な自分の思い」を書き落としたかったからです。

親だからといって、子どもの日記を勝手に読まないように気をつけてほしいと思います。

⑥名文を書き写させる

「花まる学習会」には、名文を書き写す教材で『あさがお』と呼ばれているものがあります。日本の名文・詩・唱歌や童話などの文章を写すことで、日本語の語感、リズム、詩的な表現を味わうことができるのです。

書き写しは、「読む」よりも時間がかかりますが、その分、言語知識が子どもたちの頭に深く沁《し》み込んでくれるのです。

第4の力
言葉の力
(国語力)

「っていうか腹減った文化」が、子どもの国語力を奪う

日本語を使った会話は、お互いが「文脈」や「空気」を判断しながら会話を進めることができるため、「あいまいさ」を残したままでも成立してしまうことがあります。たとえば、2人の女性が、自宅の前で立ち話をしていたとしましょう。

Aさん：「うちは、昨日鍋だったのよ〜。鍋は煮ればいいから楽よね」
Bさん：「うちも今日は鍋よ。朝から準備して煮込んできたの」
Aさん：「朝から準備をするなんてすごいのね！　大変じゃなかった？」
Bさん：「うちの子たち、ジャガイモとかを鍋に入れるのが好きだから、朝から煮込むのよ」

Aさん：「そうなの。おいしそうね。うちも、こんど、ジャガイモを入れようかしら」

この2人の会話は、厳密にいうと、論理的な整合性が取れていません。Aさんの「大変じゃなかった？」という質問に対して、Bさんの答えは、あいまいです。「子どもが喜んでくれるから、朝からジャガイモを煮込むのはまったく大変じゃない」のか、それとも、「朝からジャガイモを煮込むのは大変だが、子どものためにしかたがない」のか、どちらの意味にも取れます。

Bさんは、Aさんの問いかけに「正確に答えること」よりも、「自分の言いたいこと」を優先しているため、会話に多少のズレが生じています。

しかし、Aさんも厳密な答えを要求していたわけではないので、会話は途切れることなく、「あいまい」なまま進んでいきます。

私は、こうした「小さな会話のズレ」を「絶対にしてはいけない」と決めつけているわけではありません。仮にAさんが、

「で、大変なの？　大変じゃないの？　どっちなのかを聞いているの！」と聞き返してしまうと、気持ちよく流れていた会話を止めることになりかねません。

それに、相手の話し方や声のトーンなどから、「大変なのか、大変ではないのか」を感じることもできるので、わざわざ聞き返さなくても、Bさんの心情を「察する」こともできるでしょう。

ですので、差し障りのない大人の日常会話であれば、ある程度の「あいまいさ」が残っても、しかたがないと思いますし、それが、日本人のいいところでもあります。

でも、それは、「大人」になってからの話です。子どもが「国語力」を身に付けるためには、親が「あいまいさ」を取り除いてあげるのが基本です。子どもの場合は、「聞かれたことに、正しく返事をする」ことを心がけるべきなのです。

◯「っていうか腹減った文化」の中に、子どもを置かない

塾に親が子どもを迎えにきたとき、次のような場面を目にすることがあります。
お母さん：「ちゃんと勉強したの、今日は？」
子ども：「っていうか腹減った」
お母さん：「あっ、そう言えば、お母さんも買い物に行かなきゃいけないんだった」

これでは、お母さんも子どもも、自分が感じたことを一方的に話しているだけです。「相手の言葉を受けて、正確に返す」という、会話の基本ができていません。

このように**「自分が感じたこと」がすぐに口をついてしまう傾向を、私は「っていうか腹減った文化」と呼んでいます。**

繰り返しますが、子どもの国語力は言葉に対する「家庭の文化」によって決まります。「っていうか腹減った文化」の中で育った子どもは、大人になってからも「自分の感情」を優先するため、論理的なコミュニケーションが取れなくなってしまいます。

そうならないためにも、まずは親が「子どもとの会話をあいまいにせず、しっかり、正しく受け答えする」ようにしてください。

「他者を意識した言葉」が使えると、「思いやり」が育まれる

石井剛くん(仮名・中学1年生)は、真面目で明るく、おまけに礼儀正しい子どもです。以前、「花まる学習会」の「スタレポ(スタディーレポート)」に彼が書いた文章からは、「他者性」が感じられます。

「残って先生に教えてもらうとき、家に連絡をしないで、親を心配させてしまった」

この「させてしまった」という表現こそ、相手を思いやる気持ちのあらわれです。

石井くんは、「中1の学期末テスト」で、学年2位の成績を取りました。

「相手の立場で考える」ことができる子どもは、「問題文に隠された意図を汲み取る」ことも、「相手に伝わりやすい解答を書く」ことも得意なので、学力を飛躍的に伸ば

すことができますし、社会に出ても、多くの人々の協力を得ることができるのです。

相手にわかりやすく伝えたり、相手の言葉を正確に理解するには、「他者を意識した言葉づかい」を学ばなければなりません。

「相手の立場に立って考える」ことができない子どもは、自己中心的になり、他人を思いやる言葉と気持ちを持ちにくくなります。

「相手の立場に立って考える」ことを、社会学では「他者性」といいます。「他者性」の弱い子どもは、学力の上でも社会的にも、大きく伸びることができません。

一方「他者性」のある子どもは、相手の思いを読むことができるので、学力の面でも、人間関係の面でも、非常に好ましい結果を得ることができるのです。

◯「他者性」の弱い子どもの典型的な3パターン

たとえば、授業に必要な「テキスト」を忘れてしまったときに、「他者性」の弱い子どもは、次の3つのパターンのいずれかに当てはまることが多いです。

①コピーをすぐにもらえると思っている

テキストを忘れたことに対する罪悪感が乏しく、「テキストを忘れちゃったので、コピーください！」と、シレッと言ってしまう

②「何をしてほしいのか」を、何も言わない

相手（先生）からの指示を待つだけで、自分からは「こうしたい」という要求がない。先生に「隣の人に見せてもらいなさい」「コピーを取ってきなさい」と言ってもらえるまで、モジモジして、何も言わない

③「謝る」という選択肢がない

隣の人にテキストを見せてもらったり、コピーを取ってもらうためには、「忘れてしまって、ごめんなさい」「すみませんが、見せてください」「コピーを取ってくれて、ありがとうございます」といった謝罪やお礼の言葉を口に出すべきです。ところが、「何かをしてもらうときは、相手にひと言、謝罪やお礼を言う」という意識が薄く、そのひと言を言うことができない

「他者性」の弱い子どもは、「自分の中に、自分しかいない（相手がいない）」ため、「相手の主張を正しく理解」したり、「相手がわかるように伝える」ことが苦手です。

たとえば、読解問題は「筆者（＝相手）が、何を言いたいのか」「この物語の主人公は、どういう気持ちなのか」を読み取る作業です。記述の答案を作成するときも、「この説明で、相手に正しく伝わるか」を考えながら書かなければなりません。

ですが、「他者性」の弱い子ども、相手よりも自分優先の子どもは、相手の思いを汲み取ることよりも、「自分はこう思う」と、自分に引き寄せて考えてしまいます。答えを書くときも、主語や目的語といった「必要な情報」を省いてしまうため、相手に意味が通じにくくなることが多いのです。

中学受験の直前に、「遊びの中で学んだことを、自分の体験を交えて書きなさい」という作文演習をやらせたことがあります。このとき、次のような作文を書いた子どもがいました。

「ゲームセンターでUFOキャッチャーをしているときに、あとちょっとで取れそうだったので、みんなで台を叩きまくった」

……この作文を書いた子どもは、「これを読んだ先生がどう思うか」を、まったく考えていません。「相手が何を求めているのか」を想像することができれば、「みんなで台を叩きまくった」ことが事実であったとしても、あえて書くことはなかったでしょう。

◯「他者性」を身に付けるための2つの方法

「他者性」を育むためには、次の「2つ」の方法が効果的です。

①親子の逆インタビュー

たとえば、子どもに「今日は、学校で何があったの?」と聞き終わったあとで、「こんどはあなたが、お母さんに何があったか聞いてくれる?」と投げかけてみましょう。

お母さん:「今日は朝から忙しくて、もうヘトヘトなの」

子ども：「でも、夕ご飯の準備はこれからでしょ？」
お母さん：「そうなの。頑張って、これから買い物にも行かなくちゃね」
子ども：「じゃあ、一緒に行くよ。僕も手伝う」

疲れているお母さんを見て、「自分も一緒に行って、お手伝いをしてあげれば、お母さんも元気になるかもしれない」と思う気持ちこそ、「他者性」のあらわれです。

このように「親子のコミュニケーションをしっかりとる」ことの中で、子どもの中に、相手を思いやる気持ちが芽生えてくるのです。

②年下の年齢の子どもと遊ぶ

自分が年上になって、年下の面倒を見るときは、「小さな子どもでもルールがわかるように」遊びのルールを伝えようとします。

「どういう言い方をすれば、年下の子どもに伝わるのか？」を考える中で、相手を思いやる心が育まれていくことでしょう。

だからこそ、お兄ちゃん、お姉ちゃんは、「他者性」がある子どもが多いのです。

第4の力
言葉の力
（国語力）

「理解する」とは、自分の言葉で説明できること

「スクールFC（花まるグループの進学塾部門）」の「スーパー算数」では、「算数オリンピック」の問題や最難関校の入試問題など、ハイレベルな思考力問題に取り組ませています。

「6スー算（小学6年生を対象としたスーパー算数）」では、「わかった！」の奥をさらに掘り下げて、「算数・数学の心」を培うことが目標です。

「わかった！」を掘り下げるために、子どもたちには、**「答えに至るまでの過程を説明させる」**ようにしています。なぜなら、自分の言葉で人に説明できなければ、本当の意味で「わかった！」とは言えないからです。

「理解する」とは、知識や情報を、「自分の言葉で他人に説明できる」ことと同義です。

本人は理解したつもりでも、いざ人に説明しようとすると、うまくいかないことがあります。うまくいかないのは、本人の理解が、まだ浅いからです。

子どもは、問題が解けると「わかった！」と言いますが、「学習した内容の理解度」には、いくつかの「わかった！」があります。

仮に、理解度が、

①「なんとなく理解できる」
②「自分で解くことができる」
③「自分でスラスラ解くことができる」
④「人に説明ができる」
⑤「問題がつくれる」

の5つに分かれるとするならば、④以上（④「人に説明できる」、⑤「問題がつくれる」）でなければ、本当に理解しているとはいえません。

自分の言葉で説明できるということは、「自分にとって、納得できるかたちとして、知識をインプットできている証拠」です。

よどみなく、自分の言葉でスラスラ説明できるようになれば、「完全に理解できた」といえるでしょう。

授業で説明を聞けば、「わかった！」と理解できます。テストで解けなかった問題も、模範解答を見れば「わかった！」と理解できます。

ですが、この場合の「わかった！」とは、「説明や模範解答を理解できた」だけなのです。

本質的な部分では、完全には理解していないため、「少し表現を変えた応用問題」が出題されると、とたんにわからなくなってしまいます。

知識の本質に近づくには、「受けた説明をそのまま覚える」のではなく、「一度自分の言葉に置き換えてみること」が大切です。他人に説明して、その人を十分に納得させられたとき、はじめて、その本人が「わかった！　理解した！」と言えるのです。

また、人に説明をするときは、「どこに焦点を当てて話せばいいか」「どんな言葉を使えば、相手に伝わりやすいか」、「どのような順番で話せばいいのか」を、相手の立場で考えることになるため、「他者性」を意識した話し方の練習にもなります。

説明力は、親子の日頃の会話の中で伸ばすことができます。「今日はどんなことを勉強したの？」「どうして、そう思ったの？」と質問して、子どもに「説明させる習慣」を身に付けさせるのも効果的です。

「スクールFC」の「スーパー算数」では、先生が解説をしたあとで、子どもたちにもう一度「自分の言葉」でアウトプットしてもらう（みんなの前で説明してもらう）ことがあります。

説明が上手な子どもと、あまり上手ではない子どもには、いくつかの相違点が見られますが、**もっとも大きな違いは、「なぜ思考（自分の頭で考える力）」です**。

説明が上手な子どもは

「なぜ、そうなるのか（なぜ思考）」

という、根拠や裏付けを明確につきとめているのです。だから、論理展開に無理がないし、相手を説得することができます。

ところが、説明が苦手な子どもは、「理由があいまい」です。

クラスの中に、説明がとても上手な男の子が「2人」いました。勝村幸一くんと、多田宗一郎くんです。（ともに仮名・中学1年生）。

2人とも、同じ野球チームに所属していたのですが、このチームの監督は、「自分で考える機会」と、それを「説明する機会」を日頃から子どもたちに与えていたそうです。

「今日の試合は、どうして負けてしまったのか、おまえたちの考えを聞かせてほしい」

「どうしたら、自分たちの目指す野球ができるのか、おまえたちの考えを聞かせてほしい」

勝村くんと多田くんは、勉強以外の場でも「『なぜ思考』を使って、自分の頭で解こうとする姿勢」を持っていました。だからこの2人は、説明が上手だったのです（2人ともトップの進学校に進学しています）。

「英語の教育」をする前に、まずは、日本語の教育を

公立小学校では、2011年度から、小学5、6年生の「外国語活動（年間35単位時間）」が必修化されています。「外国語活動」は、歌やゲームなど、音声を中心に外国語に慣れ親しませるのが目的です。

文部科学省は、「外国語活動」を、現在の小学5年生から「3年生」に前倒しする方針を固めています。小学3年と4年は週1～2回、小学5年と6年は週3回の実施を想定。小学5年からは「教科」に格上げして、基本的な読み書きなど、中学校の学習内容を一部取り入れていく予定とのことです（2020年までの実施を目指す）。

スクールFCの単科講座「4S英語（①Spelling 単語、②Speech スピーチ、③

Sayings ことわざ、④Songs 歌)」は、小学3年生からはじまります。ゲームなどで楽しく英語の語彙《ごい》を増やしながら、フォニックス(音と文字のルール)、音読、文法、英作文と、高学年になるに従って高度な内容に進んでいきます。

首相官邸で開かれた「教育再生実行会議」の「第7回・議事要旨」には、
「学校で学ぶ英語の単語数は、中国は6150語、韓国は8200語、台湾は5180語であるのに、日本は3080語。このままだと日本はグローバル時代に勝っていけない」
と記されています。

ですが、単純に「英語が話せる日本人」を増やすだけなら、かんたんな方法があります。幼稚園などで、「英語以外、一切しゃべってはいけない」と決めればいい。そうすれば、ほぼ例外なく話せるようになります。実際、そういう幼稚園(インターナショナルスクールなど)もあります。

「英語だけを伸ばす」ことが目的なら「必然的に英語をやらなければならない状況」

に追い込むこと。それが、答えです。

たしかに、初等教育の段階から、グローバル化に対応した教育をすることは、「悪いことではない」と私も思います。

けれど、「英語ができれば、国際競争力がつく」と考えるのは、早計な気がしてなりません。

サンプル数が少ないだけかもしれませんが、有限な幼少年期に2カ国語習得という一大事業にエネルギーを費やしてしまい、得るものもまちがいなくある一方で、あるもの（たとえば、数理的思考力の天才性を伸ばす外遊びや主体的な時間）を失ってしまっているのかもしれません。

皮膚感覚としては、たとえば、医者にしたければ2カ国語習得より外遊びや囲碁でしょうか。ただし、繰り返しますが、私自身、2カ国語ペラペラの子どもの数を十分に見ていない可能性はあります。

また、大学入試レベルの英語は、「日常的な英会話」ができたからといって、実は、それほどアドバンテージにはなりません。

実際、帰国子女で英語がペラペラの高校生に「大学入試レベルの英語のテスト」をやらせると、60～70点ぐらい止りの子も多いのです。

大学入試の英語には、「精読力」や「要約力」といった、ほかの要素が必要になってくるからです。

「自分の子どもは、英語を少々流暢に話せればいい」のなら別ですが、**「日本語も、英語も、算数も、すべて使える大人」に育てたいのなら、実は、英語以上に「日本語教育」をすべきだと思います**。そのうえでの「英語教育」だと思います。

第4の力
言葉の力
（国語力）

小学生、中学生の「英語」はこうすると伸びる！

はじめにお断りしておきたいのは、小学3年生から英語をはじめたとして、「小学生のうちに英語を完全にマスターする」ことは、ほぼ不可能だということです。

日本語の知識がない「アメリカ人」が、日本語を習得する場合、最低でも、「2400時間～3000時間」の勉強時間が必要だといわれています。日本人が英語を習得する場合（TOEIC700レベル）も、同じだけ時間がかかります。

自主学習も含めて、中高の6年間で英語を学べる時間数は、「およそ1500時間」といわれています。

ほぼ毎日、1時間英語の授業がある中学、高校でも、必要時間の半分しか時間が取れないわけですから、現在の週1日程度の小学校での英語の授業や、週1日の習い事で英語を話せるようになるのは、発想的にかなり無理があります（インターナショナルスクールなどは、このかぎりではありません）。

したがって、小学生の英語学習は「中学以降に伸びていくための土台づくり」ととらえるべきです。

どのようにして土台をつくればいいのかというと、小学4年生くらいまでは、

「音声による教育」

が効果的です。「耳学問」だけでも、多くの単語を覚えることはできます。

発音やリスニングも、この時期に大きく伸ばすことが可能です。

また、語彙や短い文を「発声」とともに行って知識がためられると、効果的です。

つづりの練習は、徐々に負荷をかける形がよいと思います。「フォニックス（英語のつづりと発音に規則性を明示し、正しい発音をさせる）」をちゃんと学ばせるのが

理想的です。

ただし、「忘れていくのも、早い」ということを、常にとどめておくべきでしょう。

◯「中学校の英語」はこうすると伸びる

まだまだ土台づくりの時期ではありますが、小学校の英語と違って、しっかりと土台を固めておくことが大切です。

また、**中学英語で習う英語の土台は、「抜けが許されないもの」**です。

中学レベルの知識が網羅されていないと、高校、さらにその先で、大変苦労することになります。


とにかく「コツコツ努力家タイプ」が強い世界です。「漢字の成績」のいい子どもほど、英語も安定した成績を維持する傾向にあります。

「つづりを徹底的に確認し、教科書の文をしっかりと理解したあとに暗記をして、音読を30回ほどかける」ということをコツコツしていれば、まず、学校のテストでは80

点を下回ることはほとんどないでしょう。

ただ、中学生が取り組まなくてはいけないのは英語だけではないので、なかなかこの通りにいかないのが現実です。

英語という教科は、

「中一の一学期でつまずかないこと」

これに尽きます。

もし、つまずいてしまったら、必ず、リカバリーさせてあげましょう。

第4の力
言葉の力
（国語力）

「英単語」と「英文法」の取りこぼしてはいけないポイント

「英単語って、どうやったら覚えられるんですか？」という質問を受けることがあります。

これには、2種類あります。

ひとつは、ある程度覚えたのだが上位にステップアップすべき段階で困っている子。その子には、接頭語や接尾語に注目して群《むれ》にして覚える方法や、物語文などを丸暗記するように読み込む中で「生きた記憶」にしていく方法などをすすめます。

しかし現実には9割以上が、英語の成績が悪い子の質問であることが大半です。その質問に対しては、

「英単語は、覚えるしかない」

が答えです。

この問いには、「英単語は、なかなか覚えられないものだ」という、英語への苦手意識が前提にあります。

残念ながら、彼らは、英語の成績がなかなか伸びません。また、そういった子どもに共通していたのは、「英語の辞書を引かない」ということです。

「英語の辞書は引いてる？」と聞くと「いや、引きませんけど…？」と、なぜか迷惑そうな顔をして返されます。

言語学習、また語彙学習の基本は、「辞書」からです。「辞書を引き倒した経験のある、なし」で英単語の定着はかなり違います。

自分なりの「英単語ノート」をつくっておくのもオススメです。

自分がこれまで「覚えにくさを感じた英単語」をノートに書きためておくと、それが試験に出ることもあります。

「やった、出た！」という喜びの感情がわいてきたら、もうこっちの勝ちです。記憶が感情と結びついて、かなり忘れにくくなることでしょう。

英単語集はいろいろとありますし、問題集も豊富です。あとは、それを手に取る側のやる気と根気だと思います。

◯「英文法」で絶対に取りこぼしてはいけないポイントとは？

中学生で習う文法は、網羅できるに越したことはありません。ただ、その中で、とくに重要なポイントがいくつかあります。

中1であれば、「一般動詞」と「be動詞」の区別を明確にできること。「代名詞」の変化を完璧にすること、そしてやはり「三単現のS」の理解です。

単数や複数、「a」や「the」などもしっかり押さえたいところですが、これらは非常に微妙な区別が必要となってくるので、10年ほどの長いスパンで、少しずつ理解と修正を積み重ねるのが現実的でしょう。

中1から中2の前半までは、英語の「動詞の使い方」をベースにカリキュラムが組まれているので、そこで漏れがないように勉強をするとよいと思います。

中2の中盤からは、英語の「文構造」をやや専門的に見ていくことになり、「主語」「動詞」に付け加えて、「補語」という英語独特の用語が登場してきます。

この用語を理解するには「名詞」と「形容詞」の機能の理解と区別が欠かせません。

ここは本当に大きな分岐点です。

「名詞＝主語・目的語・補語になれる」、「形容詞＝補語・名詞を修飾する」といった理解があいまいになると、「不定詞の名詞的用法」などの用語の理解が、そもそもあいまいなまま、先に進んでしまうことになります。

なんとか、ごまかしごまかしいけなくもないですが、理解があいまいなまま進むと、

3年生の「分詞の形容詞的用法」あたりで、たいてい一回破綻が来ます。

さらに高校1年生の最初の単元はたいてい「5文型（すべての英文を5つの文型に分類する）」なので、そこで英語嫌いになる子どももかなり多いのです。

もし学校や塾の先生が「名詞、動詞、形容詞などの品詞の機能」や「目的語」「補語」などの用法の解説をはしょるようなことがあれば、別のところで対策を立てるなどして、必死で食らいつく必要があります。

それらがしっかりおさえられている、という前提に立ったうえで、中学3年生で「取りこぼしてもいい単元」はひとつもありません。

3年生の単元は主に「修飾」に焦点が当てられているといえます。「分詞」や、「関係代名詞」は、その最たるものといえるでしょうか。

英語という教科は、ピラミッドのように「いちばん下の土台から積み上げていって、

はじめてきちんと理解できる科目なので、どこか一カ所でも「不可欠な土台」が抜け落ちていると、いくら上に積み重ねても、そこの穴から、どんどん崩壊がはじまってしまうのです。

第4の力
言葉の力
（国語力）

「長文読解」のポイントは一文一文、丁寧に読むこと

目標を書けば「英語を英語のまま（いちいち日本語に訳さずに）感じ、理解しながら読める段階」に行けることですが、それまでの基盤づくりを書きます。

端的に言えば、「英語の長文は、丁寧に読む」ことです。

「読む力」をつけたいのならば、出合う長文の英文を、丁寧に一つひとつ疑問を解消しながら、言葉を積み重ねながら読んでいくことが大切です。

説明系の文章であれば、「論点（トピック）」を第一段落でつかみ、常にそこに立ち返りながら読むというのがコツです。「一貫性を感じながら読む」ということです。

本格的に長文に取り組みはじめるのは、平均的には中3の2学期からになると思います。

彼らが英語の長文を読む様子は、まるで小学4年生が国語の読解問題に取り組んでいる様子を見ているかのようです。

視野が狭く、読んだ内容を、読んだ端から忘れていきます。したがって、最初は時間をかけながら、「論点（トピック）」や、「ひとつ前の英文」との関連性を確認しながら、読み方を教えていかないといけません。長文の場合は、読むときの基準を自らの力で持つというのは、なかなか難しいものです。

もうひとつ大事なのは、「文法や語法の知識」です。

品詞の知識を基本として、さまざまな知識を運用しながら、**「この英文はこの意味以外にありえない」と限定しながら読めるかどうか**、がとりわけ日本の入試の中ではその後の伸びを左右します。

最後に、「語彙力」がポイントとして挙げられます。長文の中で、知らない単語に出合ったとたん、理解力は大きく低下してしまいます。これには漢字と同じように、とにかく日々の努力しかありません。

「物語文」の読解も基本的には同じです。はじまりから終わりまで、ひとつの話の「筋」を追い続けて見失わない、ということが大切なのです。

第4の力
言葉の力
(国語力)

親子でできる「英語のトレーニング」

親子でできる英語のトレーニングとしては、親子で「字幕の映画」を一緒に観るのもいいでしょうし、小学校低学年のうちなら、ごくごく短い英作文や語彙のトレーニングをやることもできるでしょう。ただしこの場合、「親の英語力」も問われてしまうので、難しい面もあります。

いちばんいいのは、親が英語好きな様子を、背中で見せることです。

英語ができる子どもは、基本的に「コツコツタイプ」なので、英語力が急激に落ちることはあっても、急激に上がることはほとんどありません。ですから、最初から、英語がしっかりできる子が、それを維持するパターンがほとんどを占めます。

中学3年の段階で、英語の偏差値が「30台」だった畠山みゆきさん（仮名）がいます。中3のカリキュラムが終わってなかったのですが、その前に、思いきって「中1の最初から、勉強し直す」という計画を立てさせました。

やがて畠山さんにも、「高校受験」という目的もでき、勉強に熱が入りはじめ、偏差値は「60」の手前まであがりました。**英語はとにかく「基礎の土台」がしっかり固まっていることが重要だということ、そして、英語の各単元同士の連関性の大切さを再確認させてくれた事例です。**

◯「英語の歌」は、こう活用する

「英語の歌」も、英語学習には効果的です。「勉強のために歌ってみよう！」と思うとハードルが高いと思いますが、子どもが自発的に「歌ってみたいなぁ」と思える英語の曲がいくつかあるというのは、すばらしいことです。

やはり、当然ですが、英米文化に「憧れ」を抱けない人は、なかなか英語の上達が難しいものです。

ベストは、「歌っていることの意味」がわかって、「発音も完全にマネ」ができて、「感情をこめて」歌えるようになれば、英語の歌は恰好の教材になってくれます。

歌詞をまったく見ないで歌える英語の歌が10曲あり、その意味も理解できているなら、それだけでかなり英語の力が身に付くと思います。

私自身、中1でビートルズを数十曲丸暗記していました。意味はあいまいでしたが、それでも以降、大学入試まで英語は得点源になり続けました。

できれば、英文の歌詞を読みこんで、「対訳」と照らし合わせて意味を把握しておくといいでしょう。

◯「音読」は非常に効果のある勉強法

「音読」は、大変効果のある訓練です。英語を話すための「口まわりの筋肉トレーニング」、「英語らしいリズムの獲得」、「読解の訓練」、「リスニングの訓練」など、さまざまな効果が期待できます。

【音読の手順】

①まとまりのある英文と、その文章のネイティブ音声のCDを用意する
…「対訳」があれば、読解の手順が省ける。意味のわからない単語などがあれば調べておく

②CD音声を英文なしでじっくり聴く

③音声と英文を照らし合わせる
…英文を見ながら、音源に合わせて声を出して読む

④英文をはずし、音声のみを口で追いかける
…すべての音声の「響き」と「意味」まで噛み締めながら、口が追いつくようになるまで続ける。目安は「5回」以上。「イントネーション」や「発音」まで「完全にコピーできた」という実感が持てるまで続ける

⑤CDを使わないで、音読する
…文章の意味も頭に浮かべつつ、CDの音声を再現する気持ちで「10回」ほど読む

⑥CDの音声がはっきりと聴き取れるようになったら、トレーニングを打ち切る

第5の力

「本当に頭がいい子」7つの力

見える力と詰める力（算数力）

意図を読み取り粘り強く考える力

第5の力
見える力
詰める力
（算数力）

「算数」には、「考える力を養う」すべてがある

算数が苦手な子は、「算数なんかできなくたって、社会生活で問題ないから、いいじゃないか」「自分で計算をしなくても、パソコンや計算機を使えばいいじゃないか」と考えがちです。

子どもがこのように考えるのは、親が「算数ができる＝計算ができる」と単純にとらえてしまっていることも、ひとつの原因です。

実は、「算数」は、ただ単に計算力を問う教科ではありません。「算数」とは、ひとことで言うと、

「考える力を養う」

教科なのです。

算数には、

「見えないものをイメージする力」
「思いがけないところからヒントを拾い上げる力」
「モレや矛盾なく思考を積み上げていく力」
「粘り強く、最後まで考え抜く力」

など、思考力に関するすべてが詰まっています。

この「考える力」こそが、社会に出たときの「地頭《じあたま》のよさ」にも、つながっていきます。

算数とは「考える力を養う」教科ですので、必然的に、面倒くさがらずに「考える」ことができる子どもは算数が得意になり、「考えることが嫌い」な子どもは、算数につまずきやすくなる傾向にあります。

小学校低学年のときは「算数が得意」だった子どもが、高学年になると「苦手になる」ことは、よくあります。

学年が上がるごとに算数ができなくなったとしたら、その理由は、低学年のときに、「計算の処理の速さと正確さ」のみを優先してきたことがほとんどです。

算数の問題は、学年が上がるほど、「抽象度」が高くなります。計算の処理能力だけでは、徐々に太刀打ちできないようになっていくのです。

とくに、子どもがつまずきやすい「繰り上がり計算・繰り下がりの計算」「文章題」「3ケタ÷2ケタの割り算」「分数」「図形」では、「考える力」が不可欠になってきます。

・**【繰り上がり、繰り下がりの計算】**
「10進法（10でケタが上がること）」や『位』の概念」を理解する力が必要です。

たとえば「6＋7」の答えは「13」ですが、「10進法の概念」がわかっていない子どもは、どうして13になるのかを理解しようとせず、「6＋7＝13」とそのまま暗記しようとします。「10進法の概念」がわからずにただ暗記をしても、低学年時代はバレませんが、5、6年になって整数系の思考力問題で挫折します。

・**【文章題】**

「この問題では、何が問われているのか」を考える力が必要です。

たとえば、

「100メートルの道の両脇に、『10メートル間隔で1本ずつ』木を植えたとします。全部で何本の木を植えることになりますか？」

という問題があったとき、考える力の浅い子どもは、文章の中にある数字だけを見て「100÷10＝10本」と短絡的に答えを出します。

10メートルに1本ずつ植えると、木と木に挟まれた空間が「10」あることになるので、片側に植えられる木は11本。さらに問題には「両脇に」とあるので、「11×2＝22本」が正解です。

この文章題は、「じっくりと両脇に植えてある木をイメージしつつ、この問題はどんなことを問うているのかをモレなく矛盾なく考える」ことができれば、すくなくとも、「10本」という答えは、出てこないはずなのです。とはいえ、「ただ計算の処理を速く解く」ことだけをしてきた子どもには、ありがちな落とし穴ともいえます。

・**【3ケタ÷2ケタの割り算】**

「割られる数の中に割る数がいくつあるか」を、「おおよそで考える力」が必要です。たとえば、「542÷38」という割り算を解くとき、「38」を「30」あるいは「40」と、おおよそで見なす必要があります。この「おおよそのメドをつけるセンス」を私は「数感」と呼んでいて、いろいろな思考力問題でも必要とされる力ですが、「3ケタ÷2ケタ」だけでいえば、「慣れ」によって身に付けることができます。

・**【分数】**

算数・数学が苦手なまま大人になってしまった人の大半は、分数で失敗しているといっても過言ではありません。

食塩水問題を好きだったと言い切れる大人がほぼ皆無であるように、「割合概念は、人の脳にとって、とらえづらい課題だ」ということが根本にあります。これだけで一冊書けるくらいですが、少なくとも分数には「実際の量（4分の3リットルの水）」と「割合（バケツ4分の3の水）」の2つがあることだけは押さえておきたいところです。

・**【図形】**

「図形」の問題のキモは、「必要な線」を選択的に見たり、見えない「補助線」をイメージする力です。

子どもが「雑音の中からでも、お母さんの声を聞き取ることができる」ように、図形問題が得意な子どもは、たくさんある「線」の中から、自分に「必要な線」だけを見て取ることができます。また、必要な補助線（そこにない線）が光って見えるのです。

その力をどう伸ばすかは、『小3までに育てたい算数脳』（高濱正伸／健康ジャーナル社）に詳しく書きましたが、「図形パズルなどを『好き』に育てること」や「外遊びや立体を使った遊びに熱中すること」が大切です。

第5の力
見える力
詰める力
（算数力）

算数の考える力には、「見える力」と「詰める力」が必要

20年以上、子どもたちを指導してきた結論として、「算数特有の考える力」は次の「2つ」の力に分けられることがわかりました。「①見える力」と「②詰める力」です。

①「見える力」……イメージしたり、発想したりする力

立体の裏側を想像したり、問題文を読んだときに、出題の意図を読み取ることができる子どもは「見える力」を持っている

②「詰める力」……筋道を立てて最後まで考え続ける集中力

先生に答えを教えてもらうことを嫌い、「最後まで考え続けてやり遂げよう」とす

る子どもは、「詰める力」を持っている

思考力の本質は、「見える力」と「詰める力」にあります。この2つの力が身に付いていれば、どんなに難しい問題でも、臆せずに立ち向かうことができるでしょう。

◯「見える力」の4つの力

「見える力」とは、図形の補助線がパッと浮かんだり、立体を頭の中で想像するなど、「現実には見えていない部分」まで、見渡す力のことです。

「見える力」が身に付くと、算数だけでなく、「国語力」を上げることもできます。「文脈を読み取ったり、文章としては直接書いていない出題者の意図を推測できるようになるからです。「見える力」は、さらに、「①図形センス」「②空間認識力」「③試行錯誤力」「④発見力」の4つの力に分類することができます。

【見える力の4つの力】

①「図形センス」…必要な線や図形を選択してみたり、補助線（目に見えない線）を

イメージする力

②「空間認識力」…頭の中で立体を自由自在に動かす力。3次元イメージができる力

③「試行錯誤力」…図や表を書いて、繰り返し試してみる力

④「発見力」……既成概念にとらわれずに、新しいアイデアを考えつく力

この「4つの力」は、それぞれが独立した能力であると同時に、それぞれが深く関わり合っています。

◯「詰める力」の4つの力

「詰める力」とは、筋道を立てて最後まで考え続ける集中力であり、ものごとをとことん突き詰めて「答えを出し切る力」のことです。

ある意味では「教育の主たる目的は、詰める力を身に付けさせることだ」といえるほど、とても重要な能力です。「詰める力」には、問題の出題意図を正しくつかむ「論理力」や「要約力」、問題文を一字一句読み落とさない「精読力」、最後まで解こうと

する「意志力」などがあります。

「詰める力」の足りない子どもは「決められた量の勉強を、きっちりやり切ろう」とする気持ちが弱いので、いろいろなものごとを、あきらめやすい傾向にあります。

一方、「詰める力」のある子どもは、集中力を切らさずに、意欲を持って最後までやり遂げようとします。「詰める力」も、さらに「①論理力」「②要約力」「③精読力」「④意志力」と4つの力に分類することができます。

【詰める力の4つの力】

①「論理力」…筋道を立てて矛盾なく考える力

②「要約力」…相手の言いたいことを的確につかみ取る力

③「精読力」…文章を一字一句読み落とさない集中力

④「意志力」…途中であきらめず、最後までやり遂げる力

次項からは、「見える力」と「詰める力」、それぞれを構成する「4つの力」について、さらに詳しく考えていきます。

第5の力
見える力
詰める力
(算数力)

「図形センス」……選択的に線を見る力
「空間認識力」……立体をイメージする力

・見える力①…「図形センス」

図形問題は、「提示されている図形」をそのまま考えても、答えに近づくことはできません。ほとんどの問題が、正しい位置に「補助線」を入れることができなければ、正解できないようにつくられています。

図形問題が苦手な人は、紙に描いてある図形を、ただ、そのまま眺めているだけです。あるいは、「どこに補助線を入れていいのか」がわからないため、何の考えもなしに、「お試しの線」を入れては消し、入れては消し、を繰り返します。

正解できたとしても、それは「たまたま正しい補助線」に当たったにすぎません。

「図形センス」を問う例題

３点を結んでできる三角形の中で、
正三角形はいくつあるでしょうか？
(同じ点を何回結んでもよい)

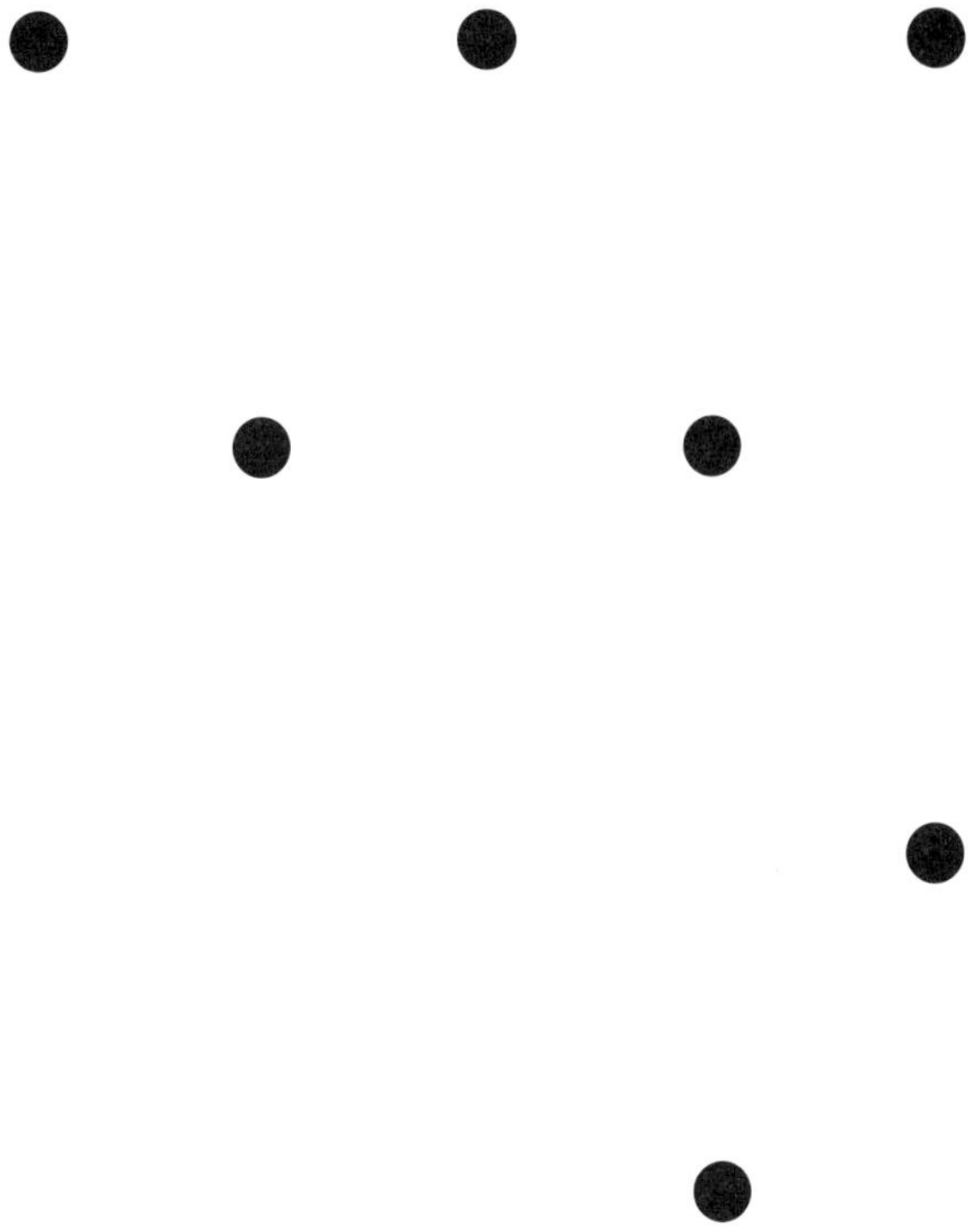

出典：花まる学習会オリジナル問題

なかには「一度ダメで消したところに、もう一度同じ線を入れる」子どももいます。

イメージ力が強くないため、ほかの補助線を思い浮かべることができないのです。ところが、図形が得意な子どもは、もともとの問題にない線や図を、ありありとイメージすることができます。お試し線など入れなくても、問題を見たとたん、「選択的に見なくてはいけない図形」と、「必要な補助線」が見えているのです。

図形センスを磨くには、小さいころから、「たくさん、図形に触れる」ことです。**「積木」や「折り紙」で遊ぶのもいいでしょう。**

小さいころから「折り紙」が大好きだった藤田綾子さん（仮名・中学1年生）は、持ち前の「図形センス」を発揮して、難関中学に見事合格しています。

彼女にとって「折り紙」は、平面でありながら、立体がつくれる「魔法の紙」でした。平面の紙から立体をつくり出せる藤田さんは、「空間認識力」も高かったと思います。

「図形センス」を問う例題の答え

解答：4つ

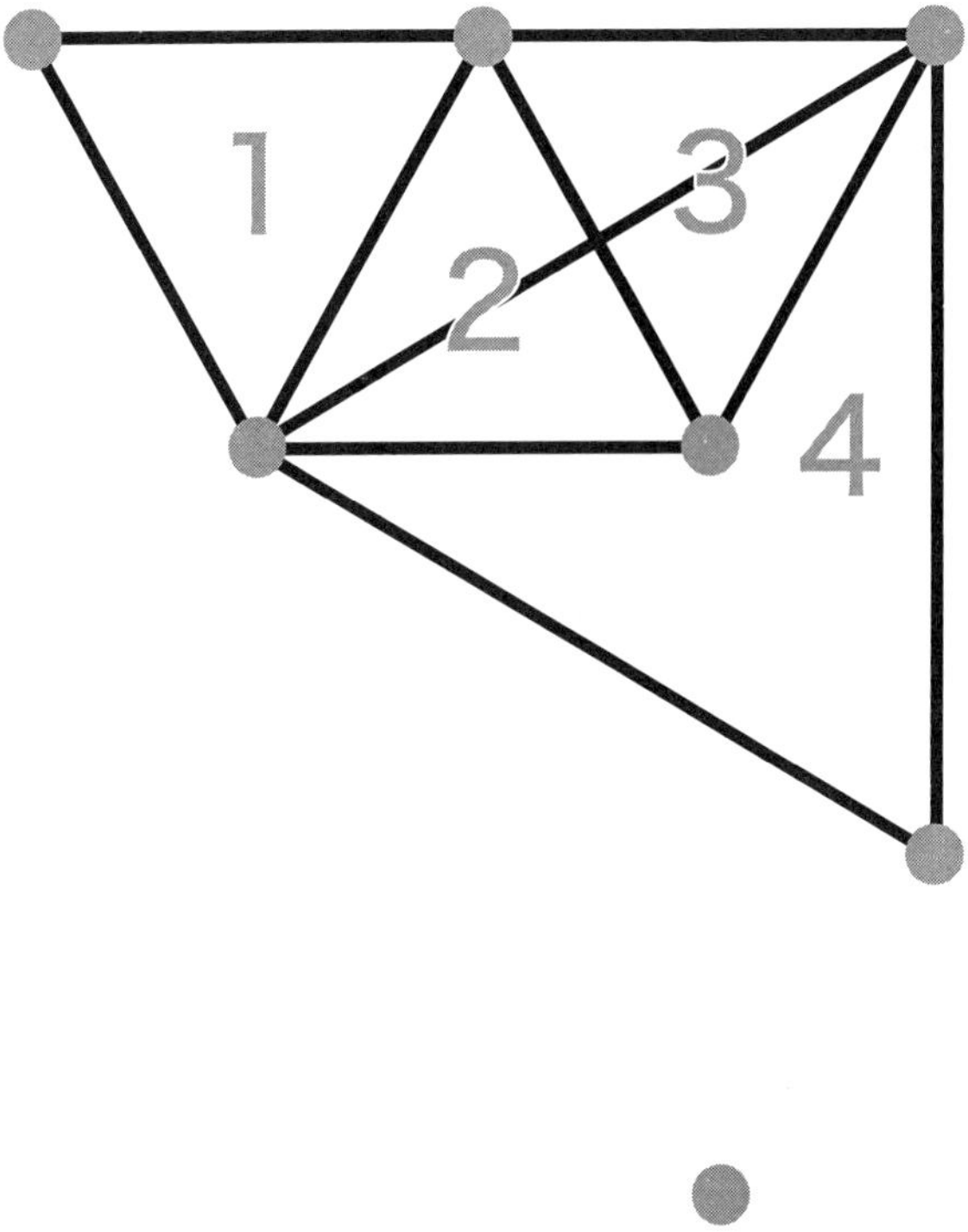

出典：花まる学習会オリジナル問題

いま、「花まる学習会」の年中クラスではやっているのが、「切り紙」（折り紙を折って、ハサミを入れる遊び）です。「広げたら、どんな形ができるのだろう」と想像しながら切る。そして、実際に紙を開いてみて、予想との差に、みんなでビックリする！　その繰り返しによって、図形センスを磨くことができるのです。

・見える力②…「空間認識力」

「空間認識力」を問う問題（立体の図形問題）は、小学受験、中学受験、高校受験、大学受験、入社試験、公務員試験に至るまで、あらゆる試験に出題されています。なぜなら、「立体」は、塾教材やドリルでは、なかなか単純に伸ばせない力だからです。

「平面図形」の場合、過去問を解いて、解き方のパターンを覚えておけば、対応できることもあります。同じ問題や似た問題が出題されることがあるから、です。

ですが、頭の中で立体を動かす「立体図形」の場合は、まったくはじめて見る問題が出てくることが多いので、付け焼刃のテクニックが通用しません。

「空間認識力」を問う例題

いくつかの立方体でできた立体の展開図について考えます。折り目となるところは細線＿＿で、切れ目となるところは太線**＿＿**で表すと、次の立体の展開図は右のようになります。

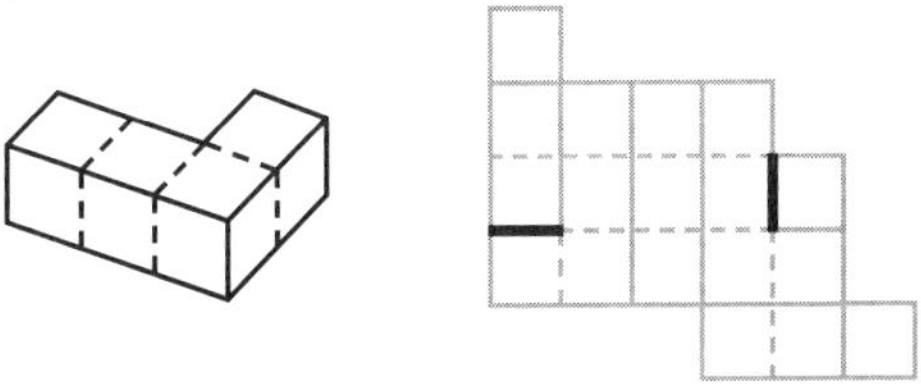

次の立体の展開図をそれぞれ、右にある図の細線＿＿の一部を太線**＿＿**に変えて、完成させなさい。

①

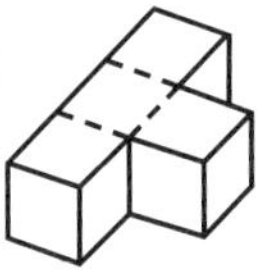

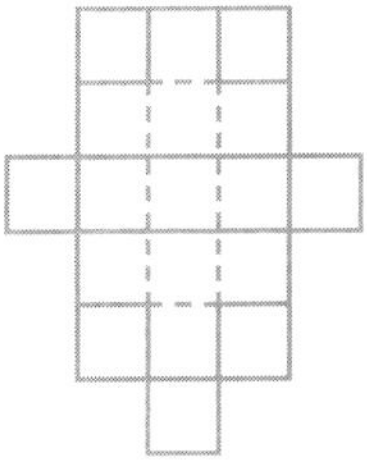

②

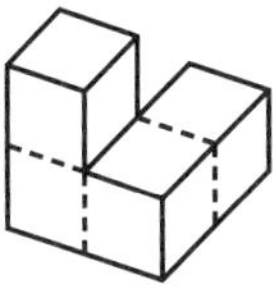

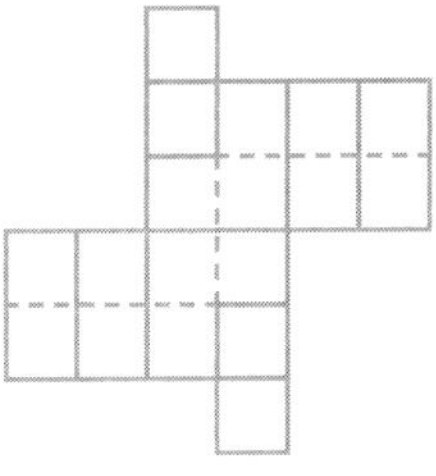

出典：栄光学園中学校　2013年度

「空間認識力」に優れた子どもは、紙に書かれた「2次元の図」を見て、「3次元（3D）の立体」を頭の中にイメージすることができます。

そして、「辺」の部分で開いて展開図にしたり、補助線を入れて立体を切り分けたり、クルクルと回転させることもできるのです。

「空間認識力」を問う例題の答え

※解答例（答えはいくつかあります）

①

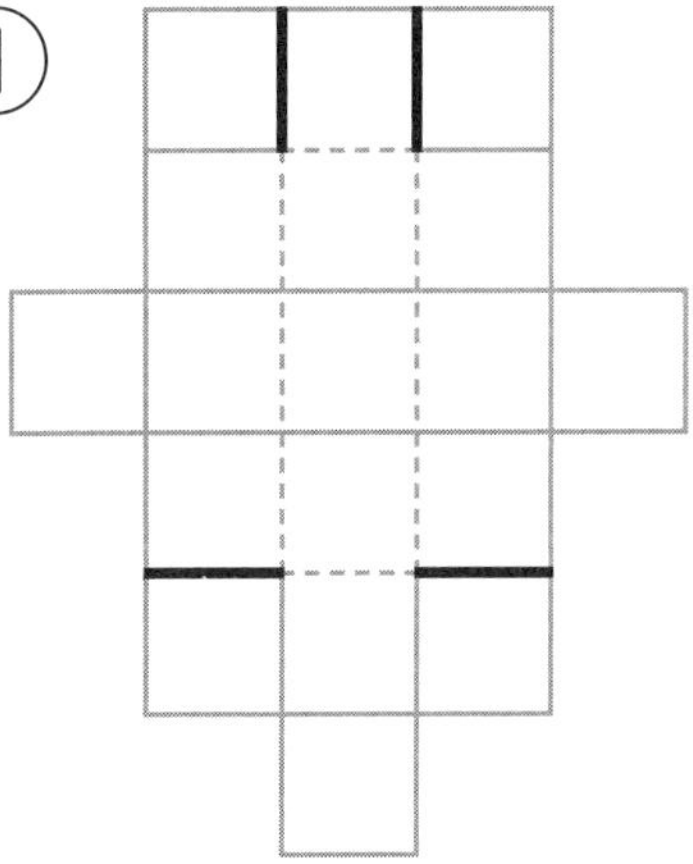

②

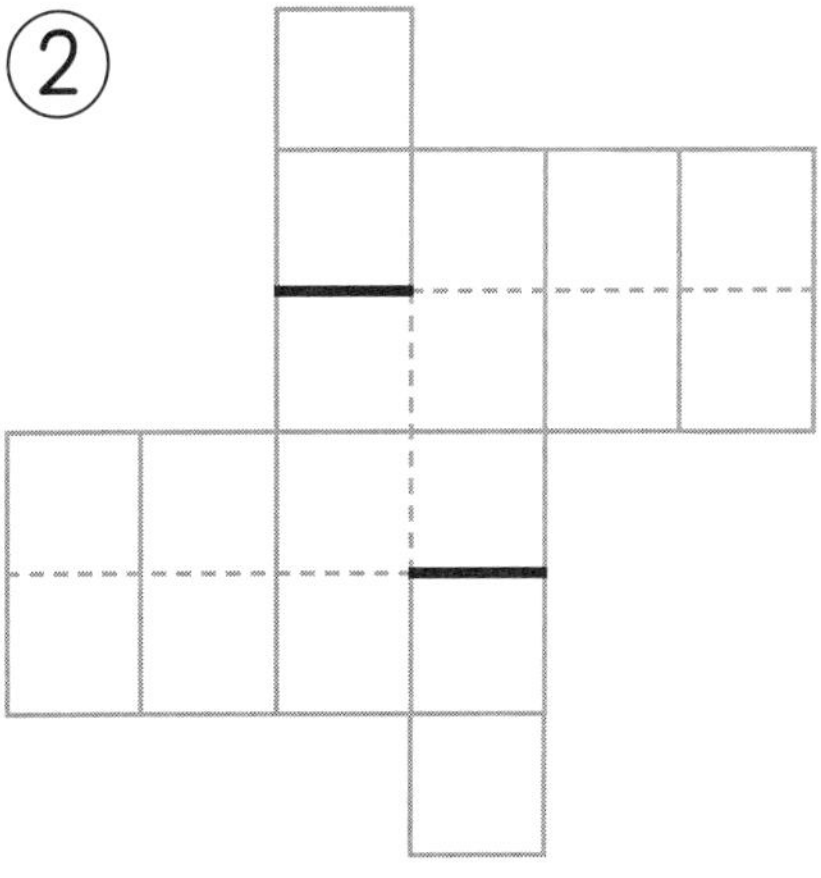

出典：栄光学園中学校　2013年度

第5の力
見える力
詰める力
（算数力）

「試行錯誤力」……何度でも試す力
「発見力」……別の切り口を思いつく力

・見える力③…「試行錯誤力」

「333個の小石を使って『田んぼの田』をつくった。一辺には、何個の小石が置かれているか？」という算数の問題がありました。

白井正樹くん（仮名・小学5年生）は、どうやって解いたらいいのか、さっぱりわからなかったそうです。そこで彼は、「実際に333個の小石を紙に書いて、ついに答えを導き出した」のです。

このやり方は、お世辞にも「正しい」とはいえません。けれど、「わからない」からといってあきらめず、とにかく手を動かし続けて解答を出した白井くんは、すばらしい「試行錯誤力」の持ち主だと思います。

「試行錯誤力」とは、「あれこれ、試す力」のことです。この力を持っている子どもは、**「手を動かしながら、考えよう」**とします。

「算数ができる子」と「できない子」を比較してみると、前者は、図を描いたり、表をつくったり、絵を描いたり、手を動かして試しながら、解決の糸口を探そうとします。

手の動きと脳の働きには密接な関係がありますから、手が動けば、それだけ脳も活発に働き出すわけです。また、「なんとか考えながら書いたものからヒントが出てくる」ことも、体感覚的にわかっているのです。

ところが後者は、じっと考え込むだけで手を動かそうとしません。問題を前にして何もせず、「習っていない、わからない、解けない」と沈み込んでいます。

「試行錯誤力」が弱い子どもは、意欲も弱いです。すぐに「これ、習っていないからできない」と口にします。「習っていないのだから、できなくて当然だ」「習っていないことは、やりたくない」と考えてしまうのです。

中学受験の算数では、「ああでもない、こうでもない」と試すことで、はじめて解き方の道筋が見えてくることがあります。とくに文章題は、式そのものを立てる前に、「自分で図表を描いてみる」というプロセスがとても大切です。

どうして難関校が「試行錯誤力」を問う問題を出題するのかといえば、その意図は、**「ムダや失敗を怖れずに、真っ向勝負ができる子ども」「行き詰まりそうな状況においても、自分の力でやりとげようとする子ども」**に入学してほしいと思っているからなのです。

したがって、「習っていないことは、したくない」と考えてしまう子どもは、難関校に合格しにくいのです。

「試行錯誤力」を高めるには、幼いころから、「手を動かす行為」に慣れさせることです。積み木やパズル、折り紙、紙粘土など、「手を使う遊び（玩具）」は、「空間認識力」や「試行錯誤力」を養うことができるので、オススメです。

「試行錯誤力」を問う例題

橋の下をくぐったり、
はしごで2階にのぼったり、
橋を渡ったりして、ゴールを目指そう！

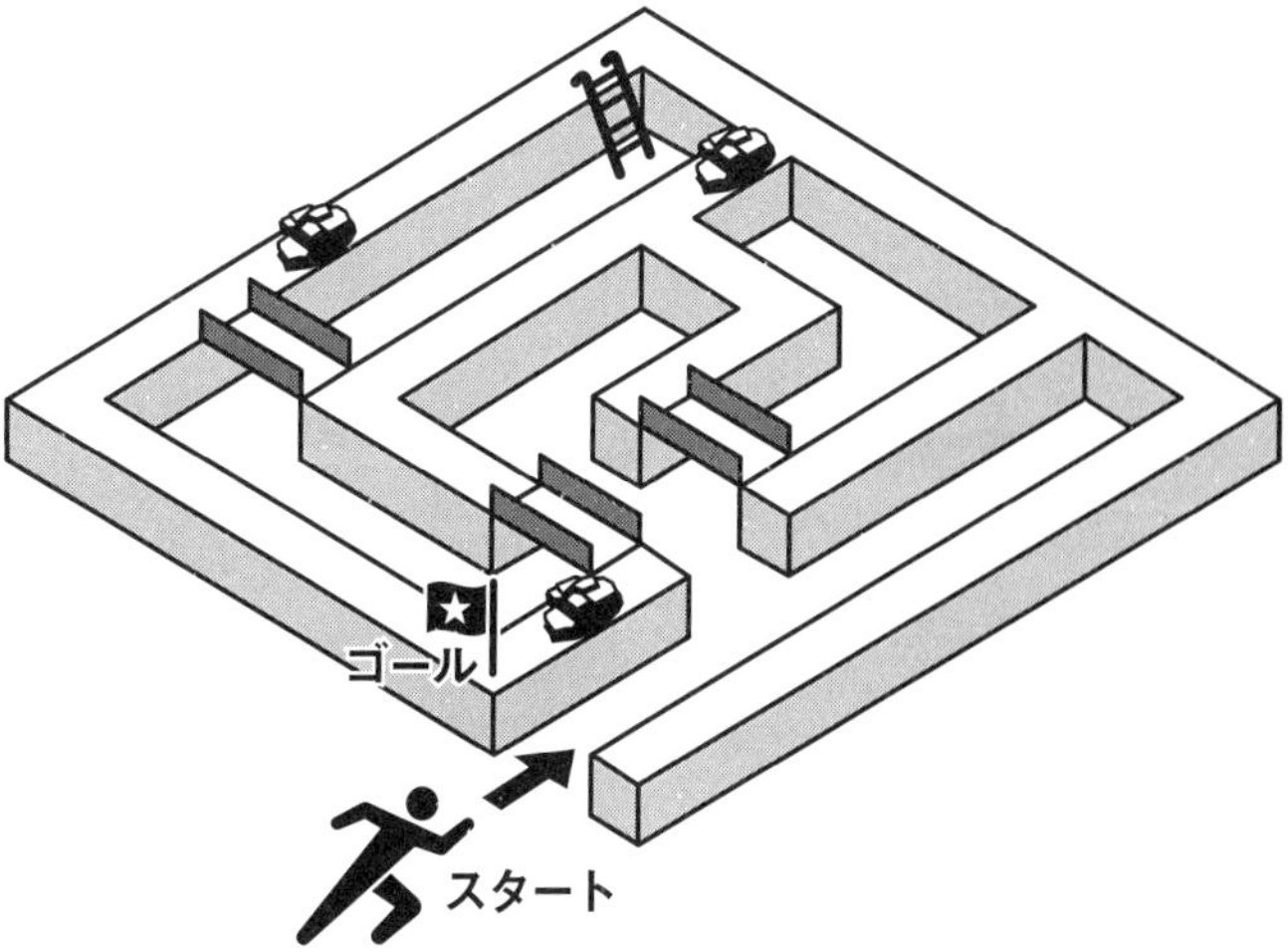

出典：『考える力がつく算数脳パズル　迷路なぞペー』（高濱正伸・川島慶／草思社）

「試行錯誤力」がある子どもは「手を動かして考える」ことができます。ですから、「わからない」からといって、手が止まらないかぎりは、思考が止まることがないのです。

「花まる学習会」のスタッフ、川島慶《けい》さんは、「花まる学習会」のほかにも、定期的にボランティアで子どもたちを教えています。その中で、川島さんは、ある大切な点に気づいたといいます。

それは、勉強が得意になるためには「親の愛情が不可欠」ということです。

「僕は、生まれて来てよかったんだ」「私は、親に愛されているんだ」という自己肯定感が十分でない子どもは、失敗を怖れます。失敗をすれば、「やっぱり、自分はダメだったのだ」と自己否定を強めてしまうからです。

一方で、親の愛情をたっぷりと受け、強い自己肯定感を持っている子どもは、「たとえ失敗しても、たとえ嫌なことがあっても、家に帰れば、お母さんが受け入れてく

「試行錯誤力」を問う例題の答え

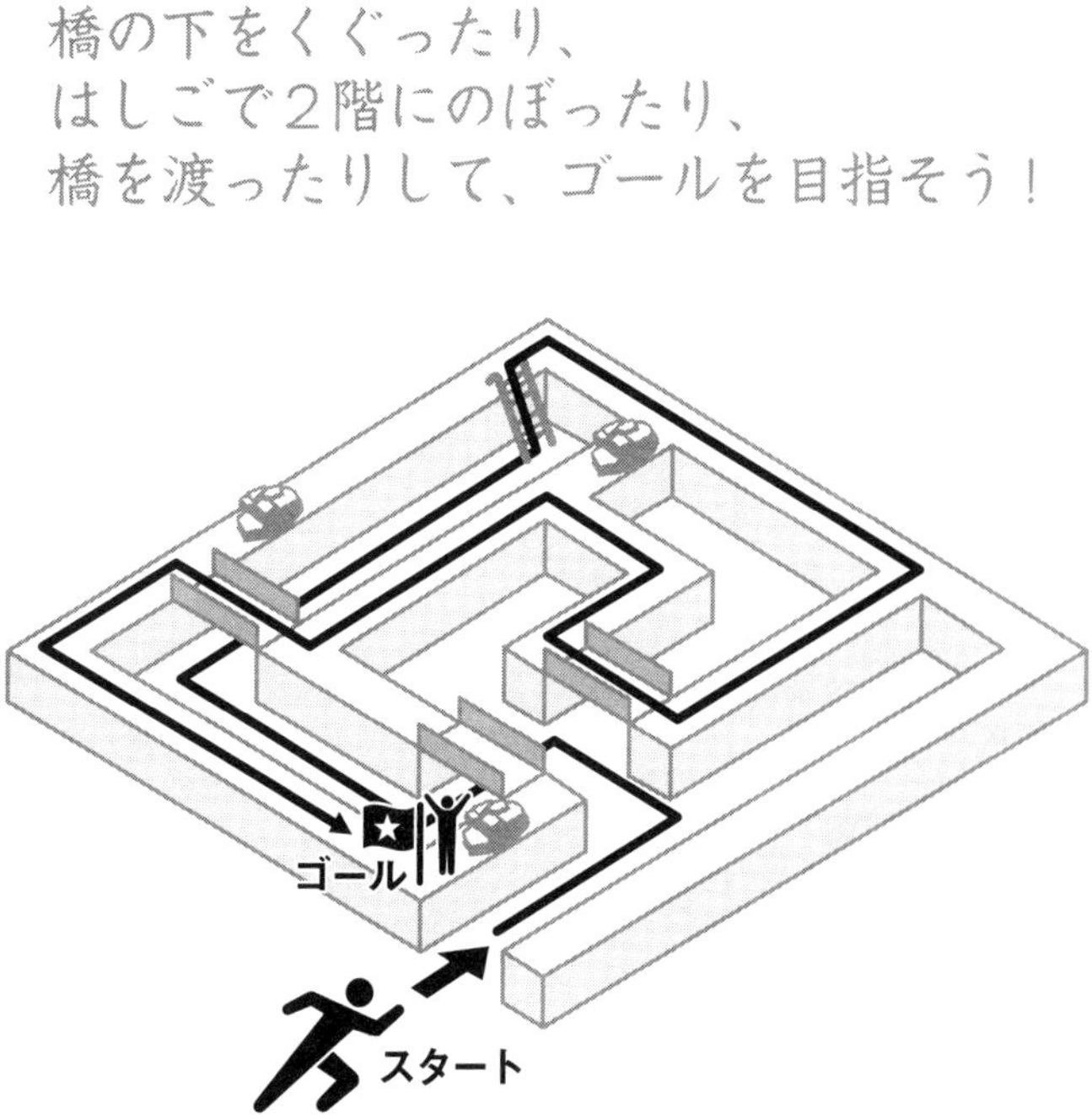

橋の下をくぐったり、
はしごで2階にのぼったり、
橋を渡ったりして、ゴールを目指そう！
ゴール
スタート

出典：『考える力がつく算数脳パズル　迷路なぞペー』（高濱正伸・川島慶／草思社）

れる」と信じているのです。

だから、失敗を怖れずに、何度も、何度も、繰り返しチャレンジできるのです。

子どもの「試行錯誤力」を養うには、親が、「子どもの失敗」を責めないことが、大前提です。子どもが同じ失敗をしたとしても、叱らない。親はぜひ、「じゃあもう一度、やってみよう！」と、背中を押してあげてください。

・見える力④…「発見力」

「発見力」とは、常識的な発想から離れて、別の切り口を「思い付く力」のことです。

「発見力」が高い人は、規制の枠にとらわれず、大胆な発想ができるため、常に新しいものをつくっていく能力があります。

また、「習っていないこと」を前にしても、「できない」とあきらめるのではなく、自分なりの解決方法を「発見」しようと、努力することができます。

田村潤一くん（仮名・小学3年生）は、「元素記号」にのめり込んだ、とてもユニークな男の子です。小学3年生のときに、「元素」の存在を知り、「世の中には、手で

「発見力」を問う例題

「？」に入る数字を答えましょう。

0	1	2	0
2	2	1	1
1	0	0	2
0	1	2	?

3	2	8	4
6	3	9	7
2	5	5	5
1	6	2	?

出典：花まる学習会オリジナル問題

触れられないものがいっぱいある」ことに、非常に刺激を受けました。

そして田村くんは、「だったら、手で触れるもの、目に見えるもので、元素記号表をつくろう」と考え「リアル元素記号表」を、独自に作成したのです。

たとえば、「銅」の元素記号は「Cu」です。この「Cu」は、触れることができません。けれど、「銅」でできた「10円硬貨」であれば、目に見えるし、手で触れることができます。

そこで、「10円硬貨」を写真に撮って「Cu＝10円硬貨」としました。このようにして、たくさんの元素を視覚化していったのです。

田村くんは、「元素記号」というものを、ほかの人とは違う切り口からとらえています。この発想こそ、「発見力」の源なのです。

「発見力」を問う例題の答え

「？」に入る数字を答えましょう。

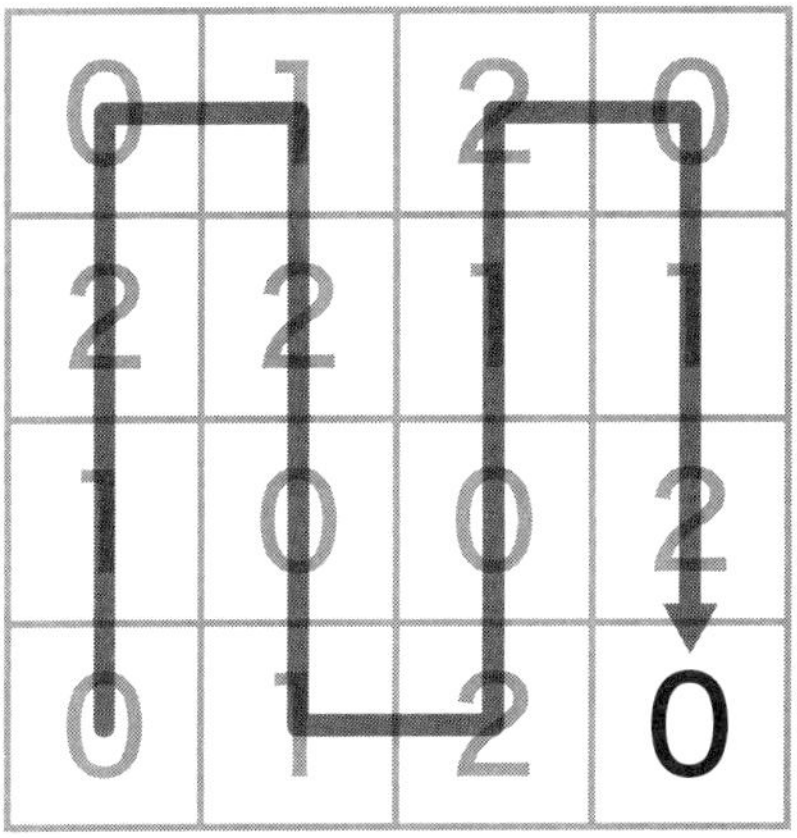

3	2÷8=4
6	3÷9=7
2	5÷5=5
1	6÷2=8

出典：花まる学習会オリジナル問題

第5の力
見える力
詰める力
（算数力）

「論理力」…筋道を立てて考える力
「要約力」…相手の意図を読む力

・詰める力①…「論理力」

「論理力」には、「与えられた条件が正しければ、必ずこうなる」と絞り込んでいく「必要条件」と、「これとこれの場合しかないから、それぞれについて考えてみよう」という「場合分け」の考え方があります。論理力とは、この2つを身に付けることでもあります。

「論理力」が身に付いていないと、「ものごとの整合性」を取ることができませんから、矛盾した発言（矛盾した行動）をしたり、あるいは、矛盾したことを言われても、そのこと自体に気がつきません。

「論理力」を問う例題

一番重いのはどれかな？

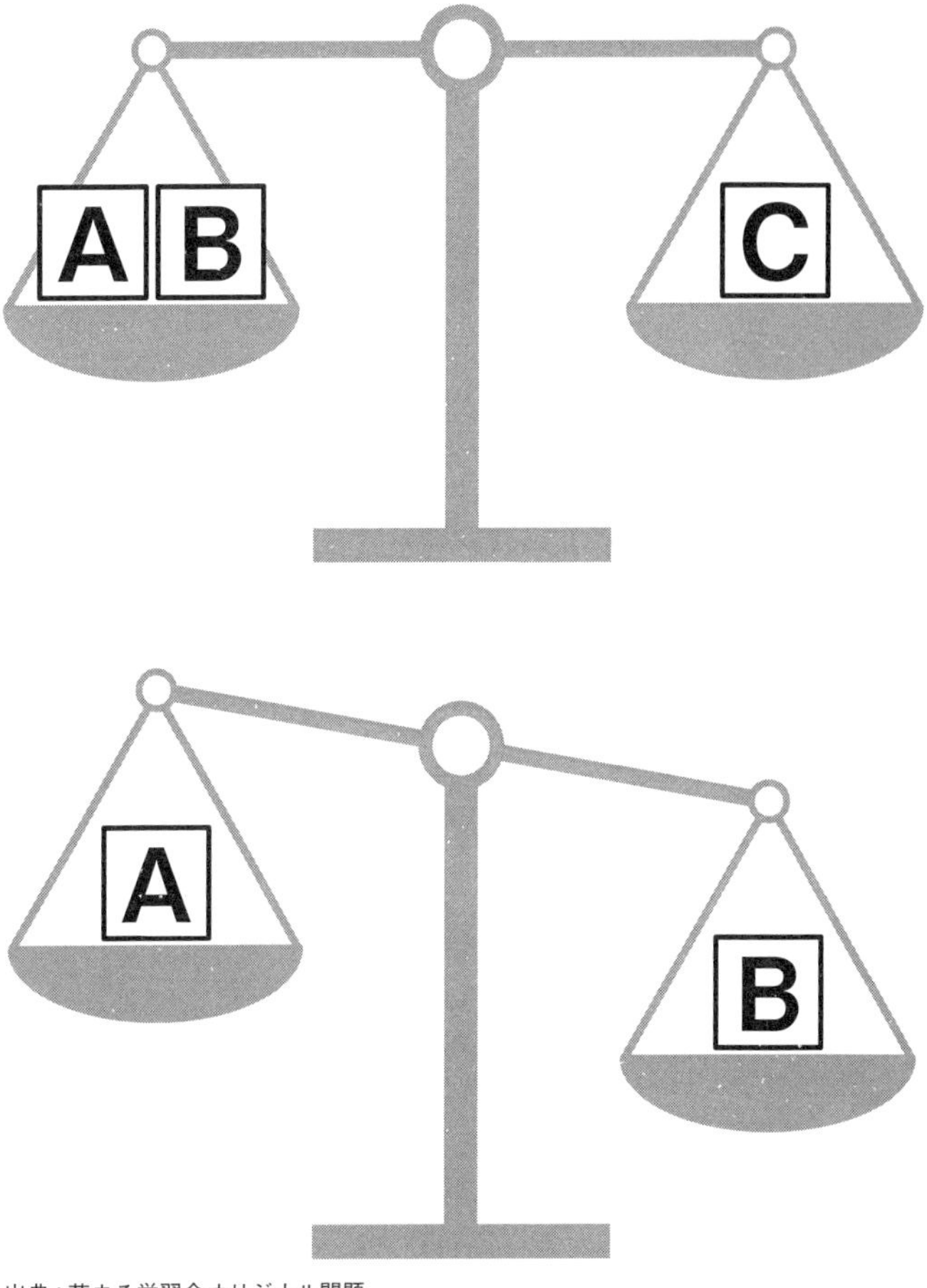

出典：花まる学習会オリジナル問題

「必要条件」と「場合分け」といっても、小学生の算数で必要とされる論理力は、それほど難しいものではありません。

「AはBよりも重く、BはCよりも重い」

という条件が与えられれば、

「AはCよりも重い」

ことがわかります。

ところが、論理力が弱い子どもは、

「AはBよりも重く、BはCよりも重い」という条件に対して

「AはDよりも重い」

と、勝手に結論付けてしまうことがあります。**「D」は新しい要素ですから、「新しい条件が付けくわえられないかぎり、重さはわからない」というのが正解です。**

ところが「AはDよりも重い」と答える子どもは、「Aが、なんとなくいちばん重

「論理力」を問う例題の答え

一番重いのはどれかな？

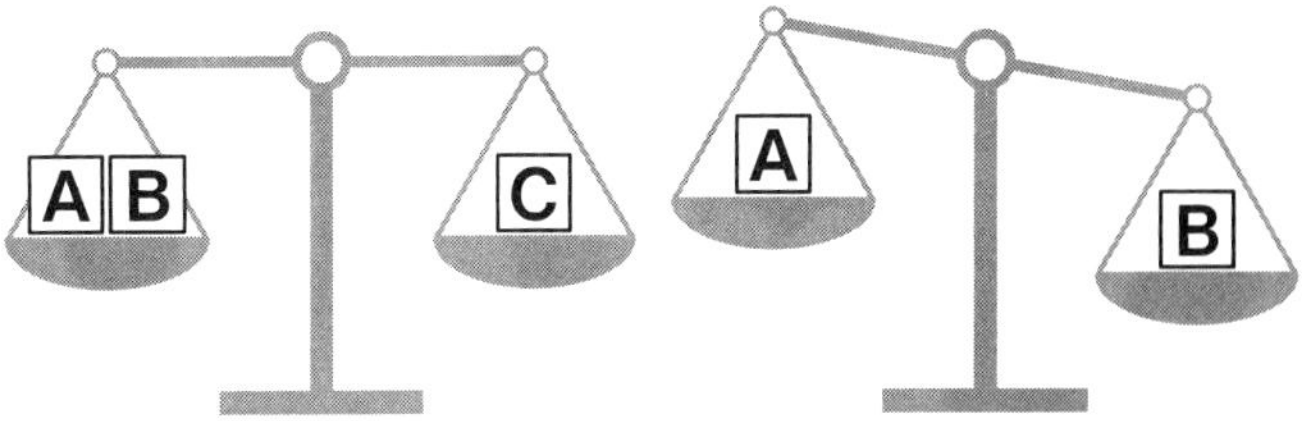

A＜B
A＋B＝C

したがってA＜B＜C

つまりCが
いちばん重い

出典：花まる学習会オリジナル問題

そうだから…」という根拠のない理由で「AはDよりも重い」と言ってしまうのです。

「論理力」は、先天的な力ではなく、トレーニングによって鍛えることができます。ただし、小さいころから「論理が破綻しているのに、毎回、訂正しないでいる」と、大人になってから修復するのが、とても大変になってしまいます。

早い時期から、「筋道を立てて論理的に考えるクセ」を付けてあげましょう。

「論理力」を鍛えるには、「パズル」がオススメです。

パズルは、「決まったこと（必要条件）」と「決まっていないこと（場合分けしなければならないこと）」をきちんと仕分けしなければ解けないので、自然と「論理的に考える」訓練ができるようになります。

・詰める力②…「要約力」

「要約力」は、「要するに、その文章には、何が書かれてあるのか」「要するに、出題者や文章をつくった作者の狙いは何か」を汲み取る能力のことです。

「要約力」というと、国語の能力だと思われがちですが、実は、算数にとっても、非常に大切な能力です。

算数が得意な子どもは、問題を解く前に、まず「出題者が解答者に何を解かせようとしているのか?」を読み解こうとします。

たとえば、「これは、図形問題のように見せているけれど、出題者は『整数に置き換えられるかどうか』を見抜こうとしている」ことがわかれば、「どのような手段を使って、どのように考えればいいのか」を正しく判断することができます。

ところが、「要約力」が弱い子どもは、「この問題では、何が問われていて、どのように答えればいいのか」をつかむことができないため、「出題者が何を問おうとしているのか?」の「的《まと》」を外してしまうのです。

難関校になればなるほど、「そのまま素直に解かせる」ような問題は出てきませんので、要約力で、「要するに、この問題は、こういうことを解かせようとしているんでしょ！」と汲み取る能力が必要となってくるのです。

その力が身に付けば、社会に出ても「人間関係やコミュニケーション」で、大いに役に立つことでしょう。

橋口秀人くん（仮名・小学5年生）は、「クラスの相関図」や「学校内の組織図」をつくるのが上手な子どもです。

この学校の中でいちばん偉い先生は誰で、その次は誰で、どういう組織になっていて、誰と誰が仲よしで……、という大人の事情を察知し、それを「図」にできる器用さを持っています。

学校にはたくさんの人間がいますが、それを体系化し、「図」で表現できるのは、橋口くんに「要約力」があるからです。

「要約力」は、家族の会話を通して磨くことができます。

たとえば、子どもが本を読んだり、映画を観たあとに、「それは、どういうお話だったの？」と聞いて、「あらすじ」を言わせてみるのもいいでしょう。

「要約力」を問う例題

下の図の9つのボタンは10㎝ずつ離れています。10㎝より多く離れているボタンは、片手では同時に押すことができません。つまり、「1と4」や、「2と7」などは片手では同時に押せないということです。

逆に10㎝以内のボタンであれば片手で押すことができるので、「3」、「4と5」、「7と9」、「1と2と3」、「6と7と8」などは片手で同時に押すことができます。

さて、3つのボタンを同時に押そうとしたとき、両手を使っても押すことができないボタンの組み合わせは何通りありますか？

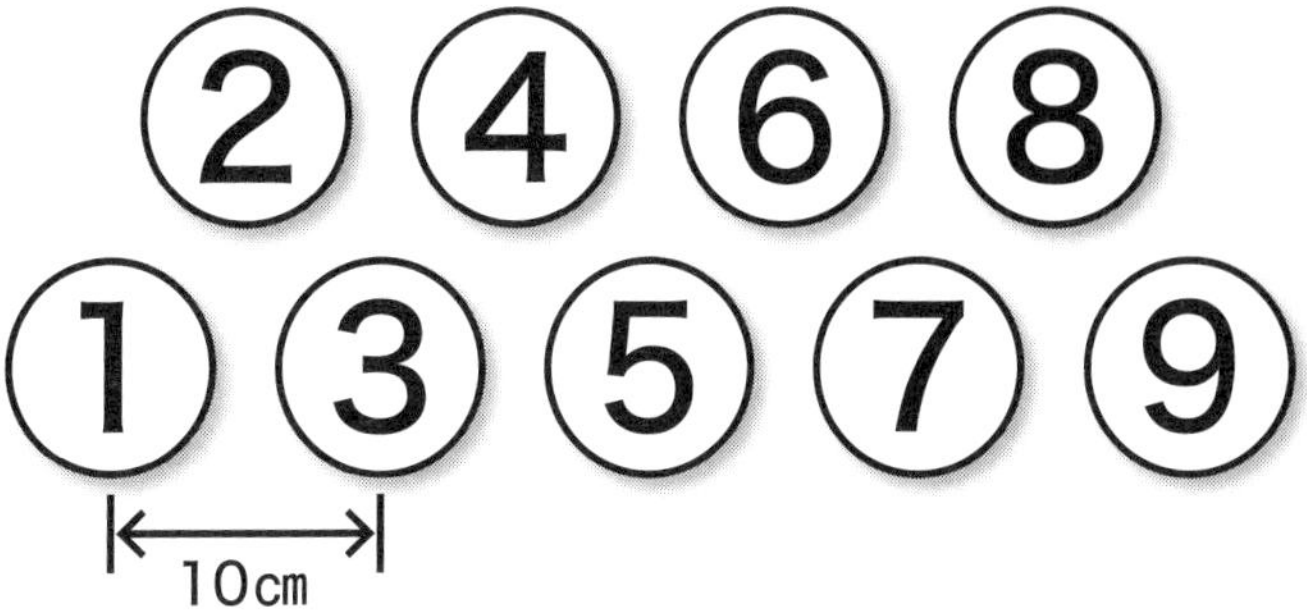

出典：『大人の算数脳パズル　なぞペー』（高濱正伸・川島慶／草思社）

小学校低学年のうちは、「○○が、△△をした話」などと、短いあらすじでもかまいません。短く要約できる力は、問題文を「速く、正確に読み解く」ことに、つながっていくのです。

「要約力」を問う例題の答え

解答：10通り

10cm以内のボタンとは、となりあう3つのボタンであり、数字の差が3以上のボタンは同時に押せないことがわかります。そのことを踏まえると、問題文は、

「1から9までの数から、それぞれの差が3以上になるように3つ選ぶ組み合わせは何通り？」
という問題に言い換えられます。

①(1、4、7)　②(1、4、8)　③(1、4、9)
④(1、5、8)　⑤(1、5、9)
⑥(1、6、9)
⑦(2、5、8)　⑧(2、5、9)　⑨(2、6、9)
⑩(3、6、9)

というように小さい順から数えて、答えは10通り。

出典：『大人の算数脳パズル　なぞペー』(高濱正伸・川島慶／草思社)

「精読力」…読み落とさない集中力
「意志力」…粘り強くやり切る力

・詰める力③…「精読力」

「精読力」とは、「文字を一字一句読み落とさない集中力」のことです。「精読力」があれば、読み飛ばしたり、読み流したりせず、文章を緻密に読むことができます。

小学校低学年のときから、「歌舞伎」を習っている男の子がいます。小田龍平くん（仮名・小学5年生）です。

歌舞伎の先生は、小田くんに紙の台本をいっさい渡さず、「目の前でやってみせて、その場で覚えさせ、その場でやらせてみる」という指導法をとっています。

セリフも、動きも、限られた時間内で覚える必要があるため、一瞬一瞬の動きと言

「精読力」を問う例題

3年A組の席の配置は出席番号順に下の図のようになっています。出席番号順は苗字の50音順（アイウエオ順）で1番からついています。

黒板を向いてカワシマ君の右後ろにウチヤマ君がいます。出席番号順ではクロモト君の次はコダマ君なのですが、ふたりの席ははなれています。

タカハシ君の出席番号は28番です。黒板を向いてクロモト君の左前がスズキ君です。苗字が「ア」「イ」「ウ」「エ」「オ」のどれかで始まる人は9人います。ウチヤマ君の横の列には、いままでに苗字が挙がった人（カワシマ君やクロモト君など）がいません。カワシマ君の横の列には、いままでに苗字が挙がった人がいます。

さて、カワシマ君の出席番号は何番でしょうか？

8	16	24	32	40	48	8列目
7	15	23	31	39	47	7列目
6	14	22	30	38	46	6列目
5	13	21	29	37	45	5列目
4	12	20	28	36	44	4列目
3	11	19	27	35	43	3列目
2	10	18	26	34	42	2列目
1	9	17	25	33	41	1列目

黒板

出典：『大人の算数脳パズル　なぞぺー』（高濱正伸・川島慶／草思社）

葉を、覚えておかなくてはなりません。だから小田くんの「精読力（集中力）」はとても高いのです。歌舞伎で養った小田くんの集中力は、勉強でも生かされています。

精読力が弱い子どもに「音読」をさせると、「てにをは」を間違えたり、文章を最後まで読まないで、「きっと、こんなことが書いてあるのだろう」と文末を読み誤り、勝手に「自分の言い回し」に変えて読んでしまうことがあります。

「低学年の頃の計算問題はよくできたんだけど、文章題になったら算数が苦手になってしまった」というケースは、ほとんど「問題文が正しく読めていない」ことに帰着しているのです。

また、「本がたくさん読めれば、精読力が付く」と考え、子どもに読書を強いるお母さんもいますが、**「精読力」は「本をたくさん読める力」とは、まったく違います。**「本が読める」からといって、その子どもが「精読力」を持っているとはかぎりません。「本を読む」には、2つの読み方があります。それを私は「漫読《まんどく》」と「精読」と名付けています。

「精読力」を問う例題の答え

解答：12番

まず、タカハシ君の出席番号は28番。「出席番号順ではクロモト君の次はコダマ君なのですが、ふたりの席ははなれています」という記述から、クロモト君がいちばん後ろで、コダマ君がいちばん前ということがわかります。

このことから、クロモト君は16番か24番となります。次に「黒板を向いてクロモト君の左前がスズキ君です」という記述から、スズキ君：23番→クロモト君：16番が確定します。

このことと「ア行が9人いる」ことから、カワシマ君の出席番号は10〜15番の6つに絞られます。そして「いままで苗字が挙がった人がウチヤマ君の横の列にはいない、カワシマ君の横の列にはいる」ことから、ウチヤマ君：5番、カワシマ君：12番が確定します。

8	クロモト	24	32	40	48	8列目
7	15	スズキ	31	39	47	7列目
6	14	22	30	38	46	6列目
ウチヤマ	13	21	29	37	45	5列目
4	カワシマ	20	タカハシ	36	44	4列目
3	11	19	27	35	43	3列目
2	10	18	26	34	42	2列目
1	9	コダマ	25	33	41	1列目

黒板

出典：『大人の算数脳パズル　なぞぺー』（高濱正伸・川島慶／草思社）

・**「漫読」**…漫然と読む。小説などを楽しみながら読んでいるときは、この読み方をしていることがほとんどです
・**「精読」**…一字一句、読み落とさないで読む。楽しみではなく集中して頑張って読む読み方。仕事の資料等を読むときは、精読が必要です

「漫読」と「精読」はどちらも大事な読み方ですが、「漫読」をどんなにやっても、「精読力」は身に付きません。

「本をいっぱい読んでいるのに、文章題が読み切れない」「本は好きだけれど、長文読解が苦手」だとしたら、その原因は「精読」ができていないからなのです。


子どもに「精読力」を付けさせるには、まず「傾聴《けいちょう》」を覚えさせるといいでしょう。

「傾聴」とは、「相手の言葉に耳を傾け、相手の考えの流れに沿って、自分も一緒に考える聞き方」のことです。

人の話をしっかり聞けない子どもに、精読はできません。子どもとの会話の中で、

ときおり「ねぇ、いま、お母さん、なんていったか言ってみて?」と質問をすれば、子どもは、「お母さんの話を、きちんと聞こう」と思うようになります。

集中力は、幼児期を逃すと、なかなか育てるのが難しい能力です。子どもが小さいうちに、集中力を高める習慣を身に付けさせてあげましょう。

また、親は、子どもに長い時間勉強をさせたがりますが、「精読力(集中力)」は、長時間、持続できるものではありません。子どもの集中力は、おおむね、

「子どもの学年×10分」

が限界だといわれています。小学1年生が集中できる時間は、せいぜい「10分間」、その中で、グッと集中できる時間は、「3分間」しかありません。そのことを踏まえたうえで、傾聴などのトレーニングを続けてみてください。

・詰める力④…「意志力」

川北充くん(仮名・小学5年生)は、超のつく負けず嫌いで、悔しさを押し出すタイプです。「花まる学習会」の「算数大会」でMVP(最優秀)が取れなかったときは、

「悔しい！　どうしたらＭＶＰが取れるんですか！！！」と先生に詰め寄ったこともあるぐらいです。

悔しいから、頑張る。頑張るとできるようになって、嬉しい。嬉しいから、また難しいことに挑戦する。そうやって川北くんは力をつけ、成績をぐんぐん伸ばしていきました。

「詰める力」の中で、とくに重要なのが、この「意志力」です。「意志力」とは、執念、しつこさ、粘り強さのことです。

「あきらめずに、自分の力でやり遂げるんだ！」という強い気持ちを持てる子どもは、確実に伸びていきます。

塾業界で私が尊敬する先輩は、

「本当に納得するまで食い下がり、自分で解くことにこだわるしつこさのある子どもは、多少の頭のよさがある子どもを、その後、はるかに凌駕する」

と私に教えてくださいました。

たしかに、難関中学に入るような子どもは、やり抜く力がとても強い。「絶対に自力で解きたい」という心構えができています。

抜き差しならない局面に立たされても、「意志力」のある子どもは、逃げたりしません。多少の困難などはものともしないで、「自分の力で、最後までやり遂げよう」とするのです。

その意志力こそが、「メシが食える魅力的な大人の力」の源泉となるのです。

これまで私は、難関中学・高校・大学を受験して「合格した子ども」と「合格できなかった子ども」をどちらも数多く見てきました。現場感覚として、実際、その勝敗を分けたのは、

「最後までやり抜こう」
「決してあきらめないで頑張ろう」

という「意志力」の差だと感じています。

「スクールFC（花まるグループの進学塾部門）」の「スーパー算数」では、計算問題ひとつあたりの時間を「3分」に設定し、その時間内で問題を解かせることがあります。すると中には、「3分以内に解けない」ことが悔しくて、泣き出す子どももいる。泣くほどの悔しさは、やがて、「意志の強さ」に変わります。

親御さんの中には、「うちの子どもは、負けず嫌いで困る」と心配する方もいらっしゃいますが、そんなとき私は「負けず嫌いは、とてもいいことですよ！」とお伝えしています。負けず嫌いは、「意志力」を生むからです。

子どもの意志力を高めるには、お母さんが「結果」にこだわりすぎないことです。子どもの成績がふるわなかったとき、お母さんがガッカリした姿を子どもに見せると、子どもは**「どれだけ頑張っても、結果が出なければ、それで、お母さんは褒めてくれないんだ」**と傷つき、努力を放棄してしまいます。

「意思力」を問う例題

２階建ての屋敷に、閉じ込められてしまいました。
階段をうまく使って、ゴールにたどり着けるかな？

２階

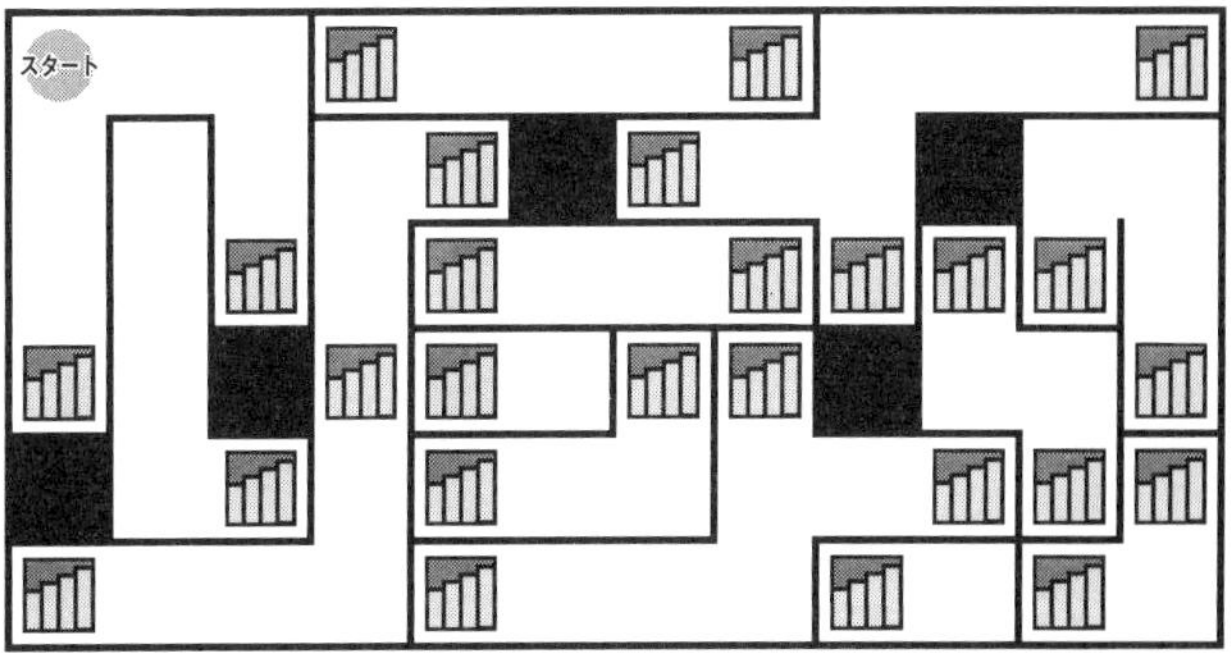

１階

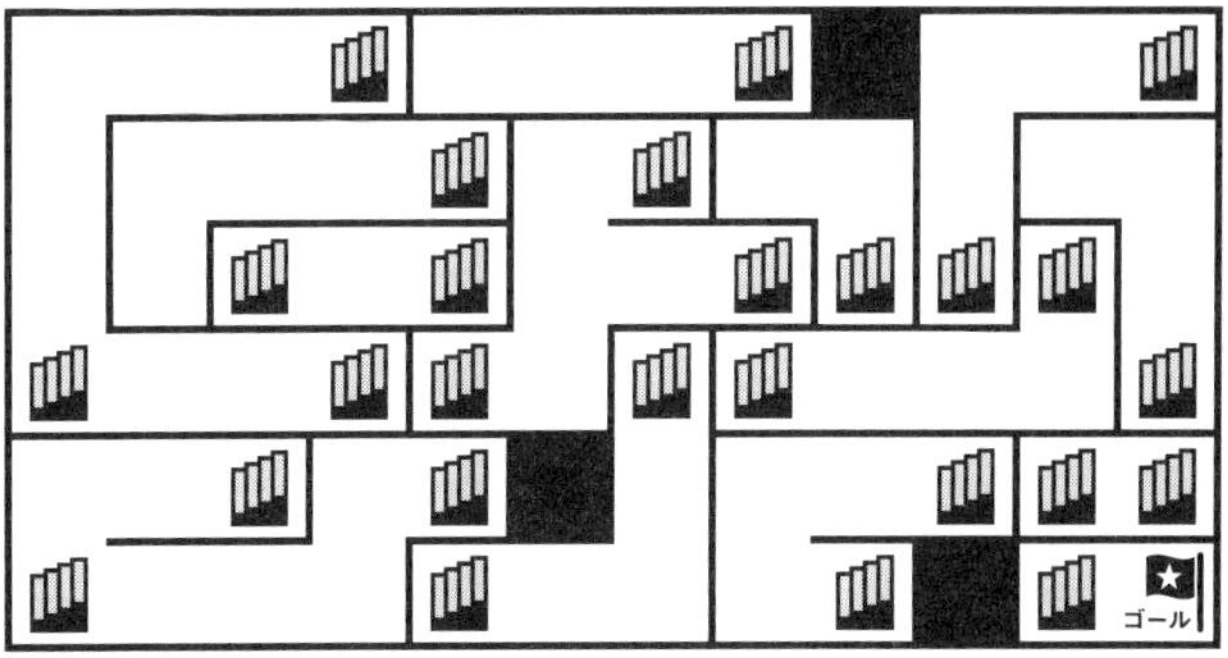

出典：『考える力がつく算数脳パズル　迷路なぞぺー』（高濱正伸・川島慶／草思社）

たとえ、テストの点数が悪くても、思い通りに成績が伸びなくても、お母さんは「これだけ頑張っているのだから、次は大丈夫だよ！」と応援してあげてください。

「どんな結果になっても、お母さんは認めてくれて、愛してくれている」と子どもが感じることができれば、子どもは思いっきり努力し続けることができるのです。

「意思力」を問う例題の答え

2階建ての屋敷に、閉じ込められてしまいました。
階段をうまく使って、ゴールにたどり着けるかな？

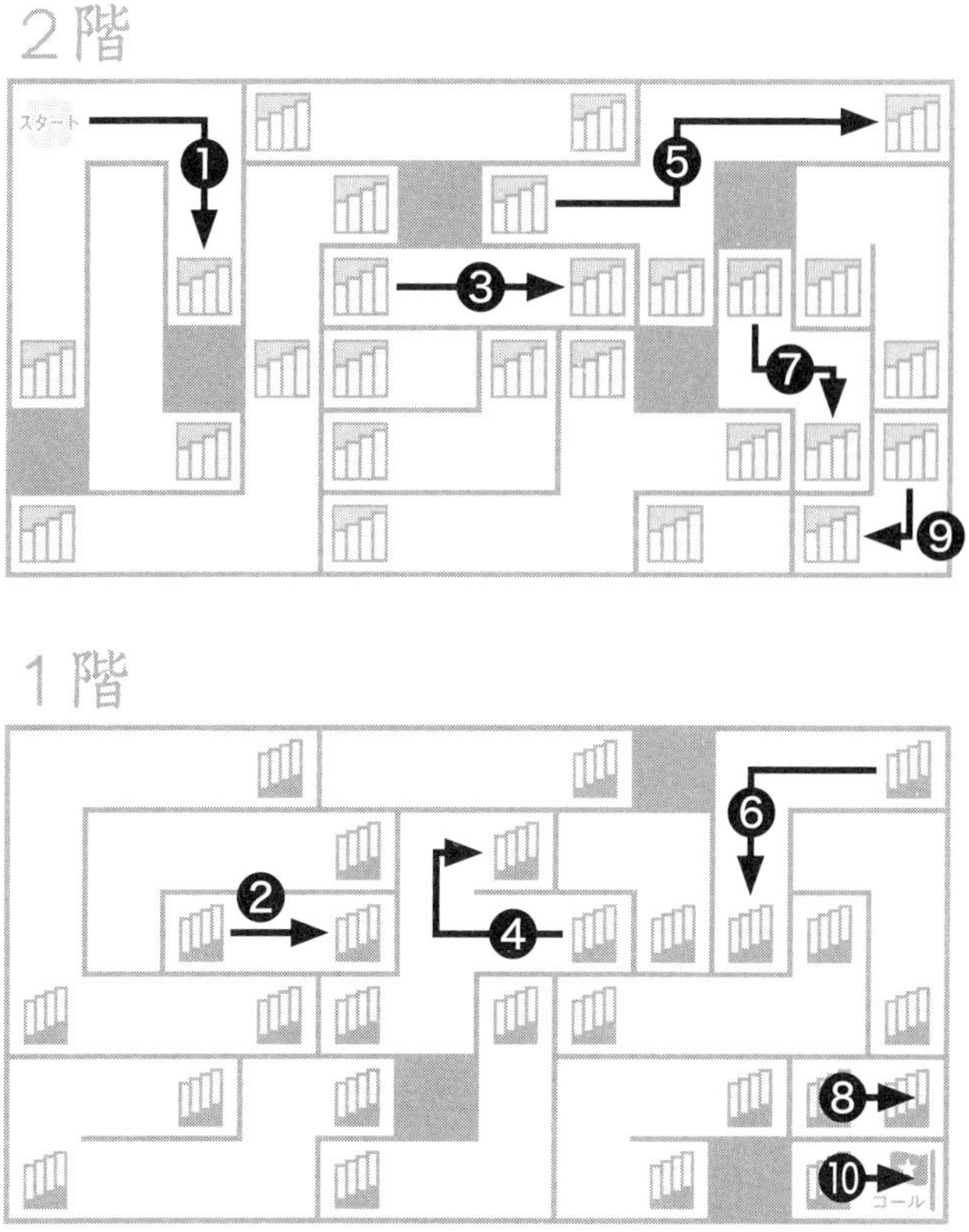

出典：『考える力がつく算数脳パズル　迷路なぞペー』（高濱正伸・川島慶／草思社）

第5の力
見える力
詰める力
（算数力）

飛んで、跳ねて、走り回る「外遊び」こそが、算数の最高の教材

「見える力」と「詰める力」を伸ばすには、なんといっても「遊び」が効果的です。

この2つの力は、「計算ドリル」などをただ積み重ねても、身に付くものではありません。「ヘトヘトになるまで遊び尽くす体験」の中で、知性は育まれていきます。

「遊び」といっても、子どもが「強制感」を覚えたり、大人の顔色を見ながら「嫌々やる遊び」では意味がありません。子どもが「自分から」夢中になれる時間を持たせてあげるようにしましょう。

「遊び」の種類は、「ひとつの例外」を除いて、どのようなものでも効果があります。

教え子のひとりに、「消しゴムのカスをひたすら集める」のが好きな子がいました。大人から見たら「何の意味があるのだろう？　やめさせたほうがいいのではないか？」と首をかしげたくなりますが、子どもにとっては、「夢中になって楽しめる時間」です。

親は、子どもが夢中になって遊んでいることを、頭ごなしに否定してはいけません。

◯効果がない「ひとつの例外」→「コンピュータゲーム」

「ひとつの例外」とは、「コンピュータゲーム」のことです。

ゲームも、「夢中になってのめり込める遊び」であることに変わりませんが、コンピュータゲームでは、脳のほんの一部にしか「刺激」を与えることができません。

算数力、とくに「見える力（イメージ力）」を育てるのは、実体験です、体感覚です。

「五感のすべてを使って遊び尽くした体験」だけが、「現実には見えない部分まで、ありありと想像できる力となる」

のです。

そのなかでも、いちばんいいのが「外遊び」だと私は考えています。

公園で「かくれんぼ」や「缶蹴り」をしているとき、子どもたちは「空間認識力」を使っています。

公園全体を3次元的にイメージし、「○○ちゃんが、あの木の裏に隠れているのかもしれない」「××くんは、あっちの方向から走ってくるかもしれない」と想像する。

こうした経験によって、「五感で空間をとらえる」ことができるようになっていくのです。

「木登り」は、縦方向の動きが入るので、「どの枝に、どのように手足をかけるか」を考えながら登る過程で、体全体で立体を把握することができます。

「花まる学習会」のサマースクールでは、子どもたちに魚を捕らせることがあります。

子どもたちは「どうすれば、たくさん魚が捕れるか」を自分たちで考えはじめ、遊びながら「試行錯誤力」や「発見力」を鍛えていくのです。

算数ができる子どもに育てようとすると、ひたすら「計算ドリルをたくさん解いたほうがいいのではないか」と思いがちです。でも実は、**座学よりも、飛んで、跳ねて、走り回る「外遊び」こそが、「算数の最高の授業」になる**のです。

第6の力

「本当に頭がいい子」7つの力

親子力

親と子どもの関係から生まれる力

第6の力
親子力

親の学習観の「7つの勘違い」

「頭がいい子に育てたいですか?」と問われれば、たいていの親は「はい」と答えるでしょう。自分の子どもを「頭が悪い子に育てよう」と思う親はいないと思います。

しかし、実際には、親の言動と家庭環境が、わが子の能力を潰してしまうことがあります。子どもを思う「親心」が空回りして、逆効果になっているのです。

子どもが伸びない理由は、大きく「2つ」あります。

ひとつは、「それをやるための、能力を持っていない」ということ。

たとえば、「国語力(日本語力)」を持ち合わせていない子どもは、「学力の土台」ができていないので、大きく伸びることが、非常に難しいと思います。

もうひとつは、「意欲がない」という理由です。子どもの意欲は、「親の学習観」に大きく影響されます。

したがって、親が一方的に「ああしろ、こうしろ」と押し付けると、子どもは「やらされ感」にさいなまれて、「やる気」をなくしてしまいます。

これは、誰でも同じですが、「人から言われたこと」をやりたがる人は、ほとんどいないのです。「勉強とは、こういうものだ」という親の思いを押し付けることが、「勉強嫌いな子ども」にさせているのです。

私が信頼する脳科学者は、

「本人の意思で、やる気になってやったことは、伸びる」

と断言しています。

つまり、親が無理やり勉強をさせたところで、「子どもがやる気になっていない」としたら、いくら時間をかけても、「伸びない」どころか「逆効果」なのです。

○親が陥りがちな「7つの勘違い」

親が陥りがちな、「学習観の勘違い」には、次のようなものがあります。「思い当たること」がある方は、子どもとの接し方を見直していくといいでしょう。

子どもには柔軟性があるので、「次の学年に進級するタイミング」や「子どもの誕生日」などを見計らって、「次からは、こういうふうに勉強を変えていこうね」と提案すれば、案外、「軌道修正しやすい」ものなのです。

【親の学習観の7つの勘違い】

①勉強の問題は、速く解けなければいけない
②外で遊ばせるより、本を読ませるべき
③「できないこと」を「できる」ようにさせるのが先決
④「ドリル」は、たくさんやらせたほうがいい

⑤同じ失敗を何度もさせてはいけない
⑥ノートは「きちんと」書かせなければいけない
⑦小学校低学年も、高学年も「子育てのしかた」は同じでいい

・【勘違い①】勉強の問題は、速く解けなければいけない

計算のスピードばかり追い求めると、「じっくり考える力」が置いていかれてしまいます。

高学年になると、算数も、理科も、社会も、国語も、すべての問題が文章題です。「じっくりと考えて答えを出す」ことができないと、文章題が苦手になってしまいます。計算力をバカにしてはもちろんいけませんが、大切なのは、思考問題に直面したときに、粘り強く考え続けられることなのです。

・【勘違い②】外で遊ばせるより、本を読ませるべき

「読書」は、もちろん大切です。ですが、「学力の基礎だから」「将来の役に立つから」と説きふせて、無理やり本を読ませようとすると、かえって子どもが本から遠ざかっ

てしまうでしょう。「親が無理やりやらせて、うまくいくこと」は、ほとんどありません。

子どもを本好きにさせたいなら、「絵本を手はじめに本の読み聞かせをする」「親自身が本好きの行動を示す」など、「家庭の文化」の中に「本」というものを取り入れるのがいちばんです。

読書も大事ですが、「本が読める力」と「長文読解力・精読力」はイコールではありません。

子どもに「自分の頭で考える力」をつけさせるには、「遊び」がいちばんです。なかでも「外遊び」には、五感を刺激する体験のほか、子どものやる気や集中力を発揮させるたくさんの要素が盛り込まれているのです。

・【勘違い③】「できないこと」を「できる」ようにさせるのが先決

親は、「テストの結果」で子どもの学力を測ろうとします。ですが、133ページでも述べたように、結果で判断しがちな親は、子どもの点数が「85点」でも満足できません。

「85点取れた」ことよりも、「取れなかった15点」が気になり、「あと15点で100点だったのに、どうしてミスをしたの?」と、つい、子どもを責めてしまうのです。たとえ言葉に出さなくても、「親の表情」を見て、子どもは敏感にそれを感じ取ります。叱られたとき、人間の脳は、やる気をなくします。ですから、親は、まずは「できたこと」を褒めてあげてください。

できなかった問題は、あとで、もう一度やらせてみればいいと思います。そして、子どもができるようになったら「できてよかったね! 頑張ったね!」と、ここでも褒めてあげる。「勉強の終わりは、いつもハッピーに」を心がけましょう。

・【勘違い④】「ドリル」は、たくさんやらせたほうがいい

山ほどの「ドリル」を与える親がいます。すると子どもは、量をこなすだけで精一杯になり、「わからなかった問題をそのままにして、次の問題に取りかかる癖」がついてしまいます。

「ドリル」の量を減らしてもいいので、「そういうことだったのか、わかった!」と納得してから次に進んだほうが、学力が積み重なって身に付いていくのです。

・**【勘違い⑤】同じ失敗を何度もさせてはいけない**

「あなたは、何回言ったらわかるの？」
「さっきも言ったでしょ！」
「ほら、また、同じところを間違えている！」
と感情的に叱りつける親は、「子どもというのは、1回言ったくらいでは、わからない」という幼児の本質に気がついていません。

何度も同じ間違いをしてしまうからこそ、「子ども」なのです。

失敗をしても、できなくても、「親の期待にこたえたい」と、心の底から思っている…、だから子どもは、「もう一度やってみよう」とチャレンジしているのです。

それなのに、親から「何度も同じ失敗をして！」と叱られ続けたら、子どもは、しだいにやる気をなくしていってしまいます。

子どもは、何度も失敗するのが当たり前です。だから、一度や二度失敗したからといって、親がカッカしないでください。「今度はできるようになろうね」と、繰り返し言いながら、もっと長い目で、子どものことを見てやることが必要なのです。

・【勘違い⑥】ノートは「きちんと」書かせなければいけない

「きちんと主義」の親は「きちんとしなさい」が口グセです。「きちんと主義」の親は、「きちんと書く」ことや「きちんと読む」ことにこだわりすぎます。

子どものノートが汚いと、「なに、この字！　全然読めないじゃない！」と注意してしまいます。

きれいな文字を書くことも、たしかに教養のひとつです。けれど、書道の時間など、「きちんと書くべきときに、きちんと書ければいい」のであって、算数の問題を解くときは、「少しくらい汚くても、いや、ずいぶん汚くても、適度な速さで書く」ことを優先すべきです。

そうしないと、限られた時間の中で、「難しい問題」を解くことができません。

「先生の板書を、一字一句、きれいに、丁寧に、きちんと書き写す子ども」と、「多少読みにくくても、大事な要点だけを素早くノートに書く子ども」では、あきらかに後者のほうが伸びしろが大きいのです。

・【勘違い⑦】小学校低学年も、高学年も「子育てのしかた」は同じでいい

イモ虫がサナギになり、サナギが蝶になるように、人間も、心身ともに子どもから大人に変化します。ですから、親は、子どもの変化に合わせて、接し方を変えていかなければなりません。

小学校低学年と、高学年では、「生態がまったく違う」ことを認識すべきです。

そのことに気がつかず、同じように接しているとしたら、それは、「蝶」に変わった子どもに対し、「葉っぱの上を、きちんと歩きなさい」と注意をしているようなもの。「蝶」には、「美しい飛び方」を教えなければなりません。

子どもは、おおむね「10歳（小学4年生）」くらいを境に、大きく変わります。発達段階なので個人差はもちろんありますが、子どもが変わったら、子育ても変えていかなければなりません。

では、どう変えていくか。これはとても大切なことなので、次項で詳しく説明しましょう。

第6の力
親子力

「オタマジャクシ」と「カエル」の違い、子育てには2つの時期がある

私は講演会などで、「幼年期」と「思春期」の子どもたちの特徴を

「赤いハコ」と「青いハコ」

あるいは、

「オタマジャクシ」と「カエル」

になぞらえて、お話することがあります（291ページ図参照）。

山田裕之くん（仮名・小学2年生）は、学校が終わると、喜び勇んで「花まる学習会」にやってきました。ところが、「早く行きたい！」と急ぐあまり、カバンを持たずに手ぶらで来てしまったのです。

カバンはお母さんが持って来てくれたのですが、カバンを渡すなり、お母さんは、子どもの頭を「パシ～ン！」とはたきました。

お母さんに叱られ、一瞬、気落ちする山田くん。けれど、数秒後には気を取り直し、「何ごともなかったかのように」ニコニコと走り出しました。

これが、私が「オタマジャクシ」と呼んでいる状態です。落ち着きがないから、間違いもたくさんします。けれど、何か嫌なことがあっても尾を引かず、次へ進んでいくことができるのです。

◯「オタマジャクシ」と「カエル」では、まったく生態が違う

「赤いハコ（幼児期）」の中にいる子どもたちは、ちょこまかと動き回る「オタマジャクシ」であり、「青いハコ（思春期）」の中にいる子どもたちは、「ミニ大人」に変化した「カエル」のような存在です。

私の長年の観察によると、小学3年生（9歳）までが「オタマジャクシ」の時代で、小学5年生（11歳）から「カエル」の時代がはじまります。その間の小学4年生（10歳）は、「オタマジャクシ」から「カエル」に変わる転換期であり、「オタマジャクシに足が生えた状態」といえるでしょう（もちろん成長には個人差があります）。

◯オタマジャクシの時期に基礎力をつけないと、あと伸びできない

毎日子どもと接している親からすると「小学3年生も、小学4年生も、小学5年生も、どれも、子ども。それほど変わらないのではないか」と思いがちですが、オタマジャクシとカエルの生態は、まったく違います。「オタマジャクシ」の基本的態度は、まさしく、先ほどの山田くんで、次のような特徴があります。

【オタマジャクシの基本的態度】

・落ち着きがない
・振り返りができない（同じ失敗を繰り返す）

子ども時代には2つの「ハコ」がある

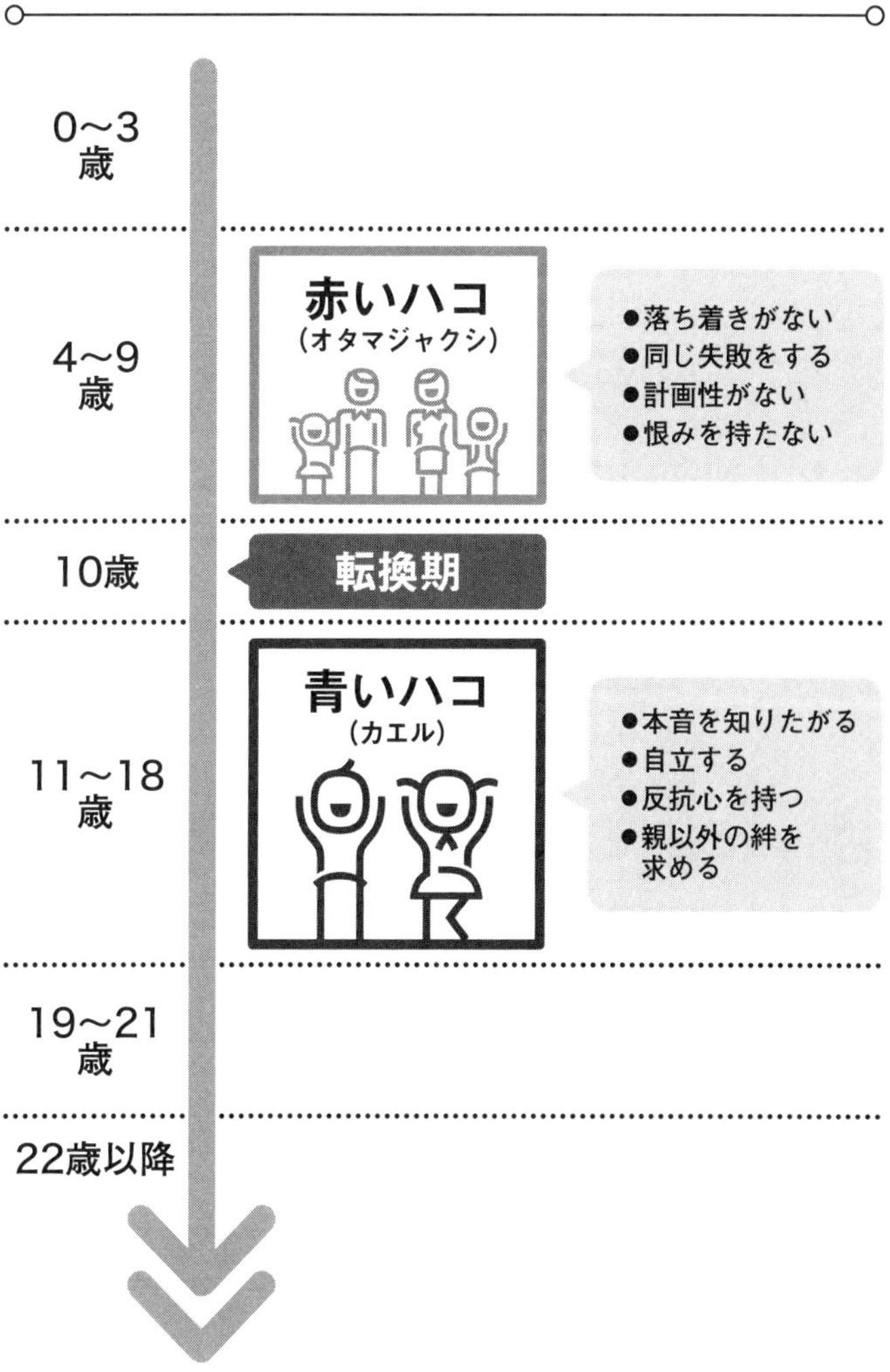

・気持ちの切り替えが早い
・親の言うことは「正しい」と考える

学力の面でも「小学4年生（10歳）」は、分岐点です。私のこれまでの経験則から、**「低学年で基礎力を完成させ、高学年以降に、さらに発達させる」**というプロセスが一般的です。10歳までに基礎力が身に付いていないと、それ以降の「あと伸び」が難しくなってしまいます。

また、思春期（10歳〜）に差しかかった子どもは、男女問わず「怠け癖」がついてきて、勉強が手につかなくなることがあります。

基礎力を完成させるためにも、怠け癖を食い止めるためにも、低学年のうちから、勉強を習慣化させることが大切です。学校の宿題は有無を言わさずやらせる。「漢字」は、泣こうがわめこうがやらせる。それくらいの態度で接してください。

◯カエルの時期の「反抗的な態度」は、自立心が芽生えた証拠

続いて、カエルの基本的態度です。カエルは、親に対して「反抗的な態度」を取るのが特徴です。

【カエルの基本的態度】

- 大人の本音を知りたがる
- 自立心や自我に気づく
- 親への反抗心が芽生える
- 親よりも友だちとの絆を大切にする

藤原喜之くん（仮名・小学5年生）がまだ、オタマジャクシだったときのことです。「言うことをきかないなら、『花まる学習会』をやめさせるよ」と親に叱られた藤原くんは、「え〜ん、お母さん、ごめんなさい〜」と泣いて謝りました。

ところが、カエルになってからの藤原くんは、違います。お母さんに「『花まる学習会』をやめさせるよ」と言われても、へっちゃら。「どうせ、そんなことできないくせに」と口答えをしたのです。

これは、カエルになった典型的な例です。

オタマジャクシのときは、「親の言うことはすべて正しい」と思っていた子どもが、「親も、間違うことがある」ことに気づき、反抗的な態度を取ることはよくあります。

「小学3・4年生」くらいが、オタマジャクシとカエルの変わり目です。

幼いころのように甘えてみたり、大人ぶったりして、子ども自身、両方の特性を出しながら、大きく揺れ動いている時期なのです。

この「無邪気な子ども↓反抗的な子ども」への変化に戸惑う親がいますが、心配することはありません。それどころか「健全に成長していることによる変化」なのですから、安心してください。

反抗的に振る舞うのは、親のことが嫌いになったからではありません。それ以上に

「精神的に自立したい！」という気持ちが強くなったからなのです。

「うちの子も、いよいよカエルになったんだ。自立への一歩だ」と考えるようにすれば、親の気持ちとしても、ラクになるはずです。

もし、子どもが反抗しはじめたら、いよいよ、転換期（変態期）です。この時期からは、

「まだ子どものくせに」

「生意気なこと言って！」

と「子ども扱い」しないように気をつけましょう。

その時点からは、「子どもに、大人目線で接してあげる」ことです。

子どもの自立をうながすためは、過保護や過干渉をやめて、親が少しずつ「子離れ」をしていくことが必要なのです。

第6の力
親子力

「男の子は男らしく、女の子は女らしく」と、性差を理解した教育が必要

いまの時代は「男女を区別して考えない時代」です。男女が平等であることは、喜ぶべきことです。しかし、男性と女性は平等であっても、「男性と女性は同質ではない」ことは火を見るより明らかです。

男性には男性の得意があり、女性には女性の得意があります。男女が本質的には違う以上、その違いを認め合うことも大切です。

私が子どもの時代には、家でも学校でも、「男の子は男らしく、女の子は女らしく」と教わりました。この「男の子は男らしく、女の子は女らしく」と教える教育を、「適度に復活させてもいいのではないか」と私は考えています。

誤解のないように断っておきますが、社会的性差を改善することには、むしろ会社として積極的に進めているくらいですし、男女平等を否定しているのではありません。「男女の差別があってもいい」と言いたいわけでもありません。

「男女の性差」を理解したうえで、「それぞれの得意を生かす教育」

をしてはどうか、という提言です。

しかしながら、いまの学校教育では「男の子は、こう」「女の子は、こう」と教えることは、すこし難しいかもしれません。「男女の性差の特徴を生かす」ことと「差別」の境界線が、かなり、微妙で難しいからです。個々人で、「その境界線の感覚」も違うでしょう。だとすれば、「性差」の教育は、家庭の中でやるしかありません。

◯男女の性差は「幼年期」からすでにはっきりしている

男女の性差は「幼年期（赤いハコ／オタマジャクシ）」から顕在しています。男の子と女の子、それぞれの特徴を見てみましょう。個人差はあるので、平均的な傾向として理解してください。

【幼年期の男の子の特徴】

・ギリギリ好き、危険なことに挑戦するのが好き
…「誰がいちばん高いところから飛び降りることができるか」といったスリルを楽しむ
・下品な言葉で共感する
…「うんち、おしっこ」と言って、みんなでゲラゲラ笑う
・凝り性／マニアック
…「山手線」の駅名を全部覚えたり、カードを全部揃えたりする
・友だちからの「すげぇ」が勲章
…友だちより多く消しゴムのカスを集めたり、誰よりも早く牛乳を飲みほすなど、「どうでもいいようなこと」でも、友だちから「すげぇ」と言われて一目置かれたい
・国語より算数が得意

…どちらかというと、算数には早くから興味を持つ。国語力はあとからついてくる

【幼年期の女の子の特徴】

・「かわいいもの」が好き
…かわいい洋服を着たり、リボンをつけたり、シールを集めたりする
・コミュニケーションが好き
…親しい友だちと内緒話をしたり、「おうちごっこ」などを楽しむ
・グループ内の「リーダー」を察する嗅覚がある
…人間関係の力学に敏感で、グループの中で「誰がいちばん偉いか」を感じる力がある
・算数より国語が得意
…どちらかというと、国語のほうが得意。手紙のやりとり、物語文が好き
・「意地悪」な一面を持つ
…ずっと意地悪合戦をしてきている。友だちに少しだけ意地悪をして、相手が傷ついたことを確認してから「ごめん、ごめん」と謝って、また付き合うことができる

何事にも例外はあります。個別にはさまざまですが、大きな傾向は疑いがないでしょう。

男の子の特徴も、女の子の特徴も、「性差の本質」からくるものなので、大人になってからも、当然、続きます。

女性よりも男性に「コレクター」（趣味のアイテムをコレクションする）や「スリルへの挑戦をする人」が多いのも、女性がすぐに「お昼ご飯グループ」や「ママ友グループ」をつくるのも、そうした一面を持ち続けているからです。

親がこうした「性差」を理解していれば、「子どもが何を考えているかわからない」と頭を抱えることも少なくなるでしょう。

親の常識に当てはまらないのが、子どもです。「子どもは、そういうもの」と割り切っていれば、腹を立てずにすむと思います。

とくにお母さんは、「幼年期の男の子」のことが理解できず、イライラすることがあります。

イライラしてきたら、「男の子は、別の生き物。元気のいいカブトムシと同じぐらいに考えておこう」と思うようにしましょう。そうすれば、「だったら、しかたないな」と受け入れることができるでしょう。

だって「カブトムシ」を相手に、「どうしてエサのところばかりいるの？　たまには顔を見せなさい」とか、「どうして夜中にカサカサ動くの？　夜は静かにしなさい」と注意をする大人はいないでしょう。

なぜなら、相手は「カブトムシだから、そうするのが当たり前」ですし、だったら、「注意すること自体に意味がない」ということも、心情的にも納得がいくでしょう。

第6の力
親子力

思春期の子どもには、「同性の親」が寄り添ってあげる

幼年期（赤いハコ／オタマジャクシの時期）は、子どもの性差に関係なく、「お母さん」の役割がとても大きいです。

ですが、子どもが思春期（青いハコ／カエルの時期）になると、「子どもと性が異なる親」が果たせる役割は、それほど多くありません。ごはんをつくってあげたり、お給料を稼いだり、といったことはできますが、「子どもの心」に寄り添えるのは、どちらかというと、「同性の親」に移り変わっていくのです。

9歳あたりから女の子がお父さんに嫌悪感を覚えるのも、男の子がお母さんの干渉を煙たがるのも、「しかたがない」ことなのです。そんなとき異性の親は、「そろそろ、

この子も、自立する時期がきたか。成長しているんだな」と距離を置いて、見守ってあげましょう。

思春期の子育てからは、「同性の親」の出番です。といっても、「異性の親は、子育てから離れていい」と言っているわけではありません。娘を持つお父さんは「お母さんのサポート」を、息子を持つお母さんは「お父さんのサポート」をしてあげてください。この時期は、「親同士の支え合い」が、とくに重要になります。

◯思春期の子どもが知りたいのは、「親の本音」

思春期（青いハコ／カエルの時期）になると、子どもたちは、「大人の本音」「社会の本音」を知りたがります。そして、大人の本音と、自分の経験を重ね合わせながら、「自分はどうあるべきか」を、哲学しはじめるのです。

いちばん大切なことは、**親が「自分の歩んできた人生」や「大人としての本音」を、いいことも悪いことも含めて、しっかりと、子どもに語ってあげることです**。思春期

の子どもとの付き合い方は、

「親のほうから、自分をさらけ出す」

のが、基本です。

自慢話も、失敗話も、あえて隠さず、親のほうからさらけ出す。子どもを「子ども扱い」しないで、大人の目線で接してあげる。

すると子どもは、正直に話してくれた親を信頼するようになり、もっと好きになってくれるのです。

◯女の子にとって、お母さんは人生のロールモデル（目標）

阿川怜さん（仮名・小学5年生）は、国語は得意だったものの、算数が苦手。中学受験を前に、お母さんは心配のあまり、「どうして、算数の点数が上がらないのか。どうして、もっと頑張れないのか」と阿川さんを責めてしまいます。

でも、阿川さんが素直に頑張れなかったのは、「お母さんが勉強を押し付けていたから」なのです。

実は、阿川さんには、「こうなりたい」というロールモデルがいました。
「お母さんを目標としていた」のです。

母子家庭に育った阿川さんは、仕事と育児を両立する「お母さん」にあこがれていました。「お母さんのようになりたい」と思っていたのです。

そのことを知った私は、お母さんと面談をします。そして、

「怜さんがあこがれている人を知っていますか？　実は、それは、お母さんですよ」

とお教えしたのです。

するとお母さんの表情は、パッと明るくなりました。口では「そんな低い目標じゃ困るわねぇ…」と言いながら、「わが子が、自分を目標としている」ことが嬉しかったのでしょう。

お母さんの顔は、**「嬉しさを隠しきれないほどの表情」**になっていました。

その日から、親子の関係は変わりました。なぜなら、娘に対する「お母さんの目線」が変わったからです。

お母さんは、**「娘の目標は私だ。ということは、私が輝いていれば、娘はそれを見て、頑張ってくれるはずだ。だから娘を信じよう」**と思うようになり、勉強を押し付けなくなったのです。その結果、阿川さんは、その後、奮起し、第一志望に合格することができたのです。

思春期の女の子にとって、お母さんは「ロールモデル（目標）」です。お母さんの言動の中から「自分も、お母さんのようになれば、幸せになれるのか…」を想像しようとします。思春期の女の子の場合には、お母さんは「会社に新人の女の子が入ってきた」ぐらいのつもりで接すると、ちょうどいいでしょう。

つまるところ、女の子が知りたいのは、やはり「女の幸せ」なのです。だからこそ、お母さんのことを、もっともっと知りたがっているのです。

たとえば、「結婚は必要なのだろうか？」「お母さんは、お父さんと結婚して本当に幸せなのだろうか？」「どんな人と結婚すればいいのだろうか？」といった疑問を感じ、その答えについて、お母さんの本音を聞きたいわけです。

そんなとき、お母さんは、娘からの質問をはぐらかさないでください。

「正直にいうと、お父さんとの結婚は、100点満点とは言えないわね。65点ぐらいかしら（笑）。でも、お父さん、やさしいところ、あるでしょ？」とか「結婚相手は、顔で選んじゃだめよ。顔なんて、すぐに飽きるから。やっぱり大切なのは、人間性よ」と、ありのままを話してあげましょう。

それができると、お母さんは娘にとって、「何でも話せる友だち」「信頼できる先輩」のような存在に変わります。

母娘だけで「秘密」を共有することにもなり、「お母さんにだけは、好きな男の子を教える」ような、良好な関係ができあがります。

ただし、「子どもは本音を知りたがっている」と言っても、男の子には「お母さんの恋愛遍歴」は話さないでください。男の子にとって、お母さんは「女神」であり、

「生々しいリアルなこと」は、一切、知りたくないものだからです。

◯お父さんしか言えない「男の本音」を息子に話してあげる

山下一馬くん（仮名）が小学6年生になったとき、お父さんは、山下くんに、こんな質問をしました。

「なぁ、一馬。もし、4年生の『自分』に何か言えるとしたら、何て言ってやりたい？」

山下くんは、こう答えました。

「『答えを写すな！』と言ってやりたい。4年生のときのオレのおかげで、いま、オレ、すげー、大変なんだから」

お父さんは、この返事を聞いて「こいつは、もう大丈夫だ」と確信したそうです。

息子は息子なりに、自分の問題を客観的に受け止め、乗り越え、落としどころを見つけていたのです。

そのことがわかったため、お父さんは「こいつは、もう大丈夫だ」と思うことができたのです。

一方、山下くんのお母さんは、この返事を聞いて、「頭がクラクラした」と言います。「何を言い出したのか、女性の感覚としては、理解ができなかった」そうです。確かに、この言葉を、お母さん（異性）が感覚的に理解するのは難しいかもしれません。

お母さんというのは、「男の子」を大好きすぎて離したがりません。心配で、心配で、かわいくて、かわいくて、いつまでも自分の手元に置こうとします。

ですが、「子離れできないお母さん」こそ、「男の子を、将来、引きこもりにさせる原因」なのです。

引きこもりの約8割は「男性」だといわれています。**「この子の面倒は、私が見る」というお母さんの過剰な思い（過保護）が、子どもの自立心に蓋をしているのです。**

ですから、思春期（10歳）を超えた男の子に「本音」を伝えられるのは、同性のお父さんの役目です。

「オレも中3ではじめて告白したんだけど、思いっきりフラれたよ…」

「お父さんも、中学3年のときに、小学6年生の算数すらできなくって、高校を受験するときに、本当に、苦労したんだ。だから、最低限の勉強は必要だよな…」

「クレーマーっていう言葉、聞いたことあるか？　取引先に、文句ばっかりつけてくる人がいてさ…」

……など、異性のこと、勉強のこと、仕事のことなど、お父さんしか言えない「男の本音」を語ってあげてください。

信頼できる同性の大人が、自分をさらけ出して話をしてくれること。その体験によって、男の子は、大人に向けた脱皮ができるのです。

年齢・性別による「子ども」との関わり方

	赤いハコ（4〜9歳）		青いハコ（11〜18歳）	
	男の子 	女の子 	男の子 	女の子 
母親 	「別の生き物」だと割り切る	親の考えを押しつけない	できることはそれほどない	娘との秘密をつくる
	外遊びをさせる	ニコニコ接する	子離れをする	女性の幸せを教える
	ニコニコ接する	外遊びをさせる	生活のリズムを整えてあげる	恋愛、身体にまつわることも話す
父親 	一緒になって遊ぶ	男性像の原点	体験談を話す	父親の役割はゼロに近い
	仕事の姿を見せる	女性の感性を子どもから学ぶ	キャンプや旅行をする	
	ときには叱る	「かわいがる」「守る」「笑わせる」	本音を語る	「母親」をサポートする

第6の力
親子力

中学受験に向く子・向かない子は、親が判断してあげる

「中学受験」をするには、「新4年生（3年生の2月）」から塾に通うのが一般的です。ところが、中学受験は、高校受験や大学受験と違って、学力以上に、**「精神的に発達しているかどうか？」**に左右されます。精神的に発達している子どもは中学受験に向いていますが、「幼さ」が抜けきれない子どもは、あまり、中学受験には向いていません。

誤解を怖れずに言うと、**「中学受験は、ある意味、独特で異常な世界」**でもあります。出題範囲も膨大なので、計画的な学習が必要です。まだ、幼い小学生に、短時間で多くのことをこなす情報処理力も、求められています。

子どもは、どうしても、「追い立てられながら勉強をする」ことになるため、「最後まで頑張れる心の強さと大人度」が身に付いていないと、途中で、受験勉強についていけなくなってしまいます。

◯中学受験に向いているのは、大人性を持った「早熟タイプ」

また、国語の読解問題などは、「情緒面で成熟した大人性」を持っていないと、解くことができません。

たとえば、大人性のある子どもなら、「悲しみを隠すために、あえて明るく振る舞った」という文章から、主人公の「心の機微」を読み取ることができるでしょう。

しかし、幼児性が抜けない子どもは、「なんで？　どうして悲しいのに明るく振る舞うの？」と、不思議に思うだけなのです。「そこはかとない感情」を理解できないうちは、太刀打ちできません。

さらに、精神的に幼い子どもに「思考力を問う問題」を無理やりやらせようとすると、逆に、勉強嫌いになりかねません。

中学受験を「させるか、させないか」は、子どものタイプと成長度を見て、「親が判断」してあげましょう。中学受験に向く子（大人性が強い子）の特徴は、次のとおりです。項目に当てはめる数が「6個以上」あれば、とりあえず心配はなさそうです。

【中学受験に向く子】

- 主体性があり、自分で計画を立てられる
- 落ちついて机に座ることができる
- 人の話をきちんと聞くことができる
- ものごとの裏側にある「本音」を汲み取れる
- 心の機微が理解できる
- 人と競い合うのが苦にならない
- 「負けたら、悔しい」と思える
- 学校の成績が「平均以上」である

◯中学受験に向いているかどうかを見分ける「2つの方法」

子どもが中学受験に向いているかいないかを見分ける方法を「2つ」ご紹介します。

①片付けが上手

勉強机の整理整頓ができる子どもは、「自分のことは、自分でやる力」を持っているので、主体的に勉強をすることができます(例外的に、机の上がぐちゃぐちゃでも、どこに、何があるのかを正確に理解している子どもなら、見込みがあります)。

②文字が速く書ける(何ごとにもスピード感がある)

中学受験は、1教科40~50分の間に、たくさんの問題を解かなければなりません。「文字が速く書ける」ほかに、「自分に解ける問題なのか、解けない問題なのか」「どういうアプローチをすれば答えを導き出すことができるか」を瞬時に判断する頭の回転力が必要です。

第6の力

親子力

公立中学に進んでも、私立中学に負けない方法

実は、中学受験には、ある程度の「センス」が必要です。これまで、たくさんの子どもを教えてきましたが、「努力だけでは抜けられない壁」が確実に存在します。

ですが、高校受験になると、センスよりも「地道な努力の量」で合否が決まります。

したがって、「最上の努力をコツコツできる子ども」なら、高校受験で難関校を目指したほうが、よい結果が得られることもあります。

宮川亜梨沙さん（仮名・小学6年生）は、その典型です。当初、宮川さんは中学受験を予定していましたが、私も、親も、そして本人も、直前で「これは無理だ」とわかりました。

そこで、地元の公立中学に入学をして、「高校受験で難関校を目指すという方針」に切り替えたのです。その狙いは、成功し、超難関の高校に合格することとなります。

高校に合格後、後輩の中学生から「受験勉強中のリラックス方法を教えてください」と質問された宮川さんは、何と答えたと思いますか？　「音楽を聴く」でも、「テレビを見る」でも、「マンガを読む」でもなく、

「ちょっと、かんたん目の問題を解いてリラックスする」

と答えたのです。彼女は、それほど、勉強に打ち込むことができたのです。

彼女のように強い「意志力」を持ち、「最上の努力」ができるのであれば、公立中学組が私立中学組に勝つことは、当然、可能です。ただし、「最上の努力をする」ことが前提になるので、親は、子どもをしっかりと見極め、支えてあげてください。

◯公立中学組でも、私立中学組に勝てる

地元の公立中学は、私立中学に比べると、「その後の進学に不利」だと思い込んで

いる親御さんも多いのですが、心配しないでください。地元の公立中学組でも、私立中学組に負けない学力を発揮することができます。

中学受験をしない子どもは、遅いけれども自分のペースで勉強をすることができます。「きっちりと理解してから、次に進む」ので、解けたときの達成感を味わいながら進むことができます。「わからないことは、そのままにしない」という習慣が付いている子どもは、中学に入っても着実に学力を伸ばしていきます。

ところが、中学受験を目指す子どもは、膨大な量の勉強をこなさなければならず、「完全にわかったわけではないけど、とりあえず先に行こう」「わからないから、やるのはやめよう」と、中途半端な理解度のまま、とにかくどんどん進んでしまうという落とし穴に往々にしてはまるのです。

「わからないことは、そのままにせず、きっちり復習する」という習慣が身に付いていれば、公立中学組は、私立中学組に負けることはありません。

私立中学・公立中学のメリットとデメリット

	メリット	デメリット
私立中学	トラブルなどの対応が速い	学校の面倒見がいい分、子どもの自立心が育ちにくい
	学習面でもきめ細やか	「自分はすごい」と勘違いし、他者性が欠けることも
	大学入試を考えると中高一貫校が有利	年間の学費が公立の「約3倍」かかる ※小4から進学塾に通い、私立中学を卒業する場合、費用は約600万円
公立中学	いろいろな子に触れ、骨太な子どもに育つ	高校受験を考えると授業が期待薄
	人間関係が鍛えられる	いじめが深刻化しやすい
	マイペースで勉強できる	校則がゆるいため、「脱線」のリスクも

ちなみに、高校受験のための塾通いは、中学2年の後半からでも間に合います。ただし、学校の中間・期末テストでなかなか結果が出せない子ども（学校の授業の内容が理解できていない子ども）は、もう少し早めに入塾させたほうがいいでしょう。

◯中学受験をするか、しないかの見極めは「小学6年の夏」

「中学受験に向いているか、向いていないか」は、小学4年生の段階では、まだ決められません。小学5年生の後半から、突然、大人性が増してくる子どももいるからです。

私は、**新4年生から塾には通わせておきつつも、「小学6年生の夏」の段階で「まだ幼さが抜けていない」子どもは、「中学受験はあきらめて、高校受験で勝負したほうがいい」と考えています**（とくに男子の場合は、女子よりも精神的な成長が遅い分、「高校受験向き」の子が多い印象です）。

子どもの成長には、「早咲きタイプ」と「遅咲きタイプ」があります。「遅咲きタイプ」の子どもは、中学受験よりも高校受験で伸びるので、「あえて、大器晩成型として、中学受験から降りる」という選択肢も用意しておくべきだと思います。

親が路線変更を受け入れ、「おまえの成長のピークは先にあるようだから、中学受験ではなく、高校受験で頑張ろう！」と迷いなく伝えれば、子どもの気持ちも切り替わりやすいと思います。

中学受験をあきらめたとしても、中学受験用の勉強は、決してムダにはなりません。中学受験用の勉強をしていない子どもに比べると、知識量も多いので、公立中学校では成績上位をキープできるでしょう。

難関中学にギリギリ合格して「成績下位」にいるくらいなら、公立中学に入って「成績上位」でいるほうが、高校受験に有利に働くことがあります。自己肯定感を強く持てるので、公立中学校での、あと伸びが期待できるのです。

第6の力
親子力

わが子を伸ばす「塾の選び方」

子どもが小学4年生ごろになると、「そろそろ、塾に通わせておいたほうがいいかな」と考える親は少なくありません。

ひと口に「塾」といっても、学校の授業の手助けをする「補習塾」、中学受験のための「受験塾」、チェーン展開する「大手塾」、塾長がひとりで教える「個人塾」など、さまざまなタイプの塾があります。つまり、子どもを塾に入れるときは、「何の目的のために、塾に通わせたいのか」をはっきりと決めておく必要があります。

どの塾に入れたらいいかわからないとき、各塾が打ち出す「合格実績」をいちばんの判断材料にする親がいます。ですが…、**「有名校にたくさん合格させているのだから、この塾はいい塾に違いない」と早まってはいけません。**

私は、「合格者の数を額面通りに受け取ってはいけない」と考えています。なぜなら、「2つ以上の塾を掛け持ちしている子ども」がいるからです。

「難関校に強い」と評判の塾に入ったとします。成績上位の子どもには、やりがいがあるでしょう。ですが、そうでない子にとっては、塾のテキストやカリキュラムが難しすぎて理解できません。

すると、どうなると思いますか？　塾の勉強についていくために、もうひとつ「別の塾」に通うようになるのです。ひとつの塾で完結させることができずに、別の塾の力を借りて、二段構えで合格を目指すことになります。

ということは、合格者をたくさん輩出しているからといって、「その塾に実力がある」とは言い切れないのです。「別の塾のフォローが優秀だから」うまくいっている場合もあるからです。

では、どのような塾に入れたらよいのでしょうか？　第一にトップがどのような理念を持っているか。第二に、実際に通っている子や親の評判はどうか。この2つが最も大切です。さらに塾を見る見方として、3つ挙げます。「①塾の形態」「②講師の質」

「③ノウハウ」の「3つ」です。

①「塾の形態」

集団塾か個別指導塾か、受験塾か補習塾か、など、まずは「塾の形態」を把握します。どの塾に通えば、「子どもが自信を持って勉強できるか」「子どもの実力に合っているか」を見分けましょう。

たとえば、おとなしくて先生に質問できないような子どもは、集団塾よりも、個別指導塾や個人塾など、少人数で教える塾のほうが向いています。集団塾に入ると、質問ができず「わからないまま」に、どんどん先に進んでいってしまうからです。

②「講師の質」

講師の教え方次第で、子どもの理解度も、教室の雰囲気も、180度変わります。「これ、試験に出るから、丸ごと覚えといてね！」と丸暗記させたり、やみくもに問題を解かせる教え方では、子どもは興味を持てません。子どもが夢中になれる仕掛けや工夫をしている講師は、やはり研究熱心ですし、信頼ができます。

③「ノウハウ」

塾長が「勉強のしかた」をはっきりと示している塾は、よい塾である確率が高いです。「うちの塾では、こういうやり方をしています。勉強ができない子どもには、このようにフォローしています。講師には、このように教えるように徹底しています」など、塾のノウハウをしっかり示せる塾は安心な場合が多いです。

気になる塾を見つけたら、説明会や体験教室に入れて、「子どもに合っているか」を確認しましょう。このとき、子どもだけでは「正しい判断」が下せないので、必ず親も一緒に見学してください。また、その塾に子どもを通わせているご近所のママに「本当のところはどうか」を聞いてみるのもいいと思います。

中学受験を考えるのであれば、「小学3年生の2月（新4年生）」に入塾させるのが一般的です。このタイミングで塾に入ると、丸3年間、受験の準備をすることができます。ただし、小学3年生の2月の段階で、まだ幼児性が抜けていない子どもは、新5年生になるタイミングで入塾させても遅くありません。幼児性が抜けない子どもを無理やり塾に入れても、勉強嫌いになるだけだからです。

第6の力

親子力

わが子に合った「中学校」選び、4つのポイント

中学受験の「志望校選び」は、親が主導で決めてOKです。

もちろん、親の価値観を押し付けてはいけませんが、子どもには、「どの学校がいいのか」「どんな学校があるのか」を、全体を見ながら俯瞰して判断することができないからです。

ですので、まず、**親が「自分の子どもに合う学校はどれか」を客観的に見極め、子どもに「この学校かこの学校が合うと思うんだけど」と、すすめてあげてください。**

そして最終的に、子どもが「いいいな」と同意してくれた学校を志望校にしましょう。

子どもに合った中学校を選ぶためには、次の「4つ」のことを心がけてください。

○中学選びは「行った先で上位でいける」が理想

①偏差値にふりまわされない

難関中学に「補欠合格」などでギリギリ合格した子どもは、かなりの確率で伸び悩みます。

小学校ではトップクラスの成績でも、難関中学には「勉強ができる子」がたくさんいるので、相対的にクラス内の順位が下がります。

この年齢の子どもにとって、自分の価値をはかる判断軸は「クラスの中での順位で、自分が何番目にいるか？」です。

ですので、奇跡的にギリギリ開成中学に入れたとしても、クラスの順位が低ければ、「みんな、すごい人ばかりだ、自分はダメなんだ」と後ろ向きに考えるようになり、自信も意欲もなくしてしまうのです。

「一番手校の下位層」にいるより、「二番手校の上位層」にいるほうが、子どもは、

のびのびと、自信を持って勉強できるでしょう。ですので、志望校選びは、

「入学後、成績上位を見込める中学」

が理想なのです。

②学校説明会で、トップの考えと校風を知る

私立中学は独自の教育理念を持っています。

パンフレットやホームページでも、教育理念を知ることはできますが、やはり、自分の目と、耳と、そして心で確認をしてください。実際にトップの声を聞いて、保護者として「共感できるかどうか?」がポイントです。


また、校風を知ることも大切です。「校舎がキレイ」「在校生がきちんと挨拶する」など、「いい感じだな」と心で感じたことを判断材料にするといいでしょう。また、実際に、その中学に子どもを通わせている親に話を聞くと、生きた情報を拾うことができるでしょう。

③子どもを「学校行事」に連れていく

志望校をいくつかに絞ったら、文化祭などに子どもを連れていきましょう。そして、子どもが「ここに行きたい！」と思った学校を第一希望にします。

文化祭に連れていくのは、「小学5年生」ごろがいいと思います。「入りたい中学」を具体的に意識できれば、その「憧れ」が、勉強への励みになります。

④「小学4年生」のころは、志望校が決まってなくてもいい

子どもは日々成長しています。小学5年生までは幼さが抜けていなかったのに、「小学6年の夏以降」に大化けする子どもも、多くいます。**親は、あせらず、子どもの成長を「待ってあげる忍耐力」が必要です。**

学力だけでなく、性格や気質など、内面的な部分でも変化をしていますから、早期に志望校を決めて「それ以外の中学には行かない！」と決めつけてしまうと、結果的に「子どもに合わない中学」に入学させることになりかねません。

「憧れ」の中学を勉強のモチベーションにしつつ、子どもの成長を踏まえながら、「小学6年の秋以降」に志望校を絞り込めばいいでしょう。

第6の力

親子力

長期休暇（夏休み）は、親がメリハリをつけさせる

夏休みは、「学校が休み」という開放感から、子どもの生活のリズムが、非常に乱れやすくなります。そうならないためには、**「起きる時間」「勉強する時間」「遊ぶ時間」「寝る時間」を、しっかりと決めて、規則正しい生活を送ることを、習慣化させるのが大切です。**

一度「習慣化」してしまえば、それが「当たり前」になるので、子どもも苦もなく、規則正しい生活を送れるようになります。

起床時間は、「学校へ行く日と同じ時間」に設定します。そして、

・午前中……「勉強タイム」（朝8時半ないし9時からスタート）
・午後……「遊びタイム」

に分けて、「1日の時間割」を考えてみましょう（333ページ参照）。

◯「マジメ勉強」と「ゆる勉強」を使い分けて、メリハリをつける

「勉強タイム」は、「マジメ勉強」と「ゆる勉強」を使い分け、メリハリをつけながら勉強をします。勉強開始は、朝9時から。前半は「マジメ勉強」です。「計算ドリル」や「漢字ドリル」で頭の体操をして、その後、学校（塾）の宿題、読書、自由研究などの勉強を「マジメ」に取り組みます。

「マジメ勉強」が終わったら、次は、「ゆる勉強」です。「ゆる勉強」とは、遊び感覚の勉強のことです。

・「親子でボードゲームをする」

・「親子でしりとりをする」
・「親子で漢字クイズを出し合う」
・「身近なもので工作する」
・「パズルをする」

といった、楽しみながら頭を使うことも、立派な勉強です。

小**学校低学年は「ゆる勉強」の時間を多めに取り、学年が上がるごとに「マジメ勉強」を増やしていきましょう。**

・小学校低学年……「マジメ勉強1時間」＋「ゆる勉強2時間」
・小学校中学年……「マジメ勉強2時間」＋「ゆる勉強1時間」
・小学校高学年……「マジメ勉強3時間」（夏休みの前半で「学校の宿題」が終わったときは、「ゆる勉強」を取り入れる）

が目安です。

夏休みの勉強時間の目安

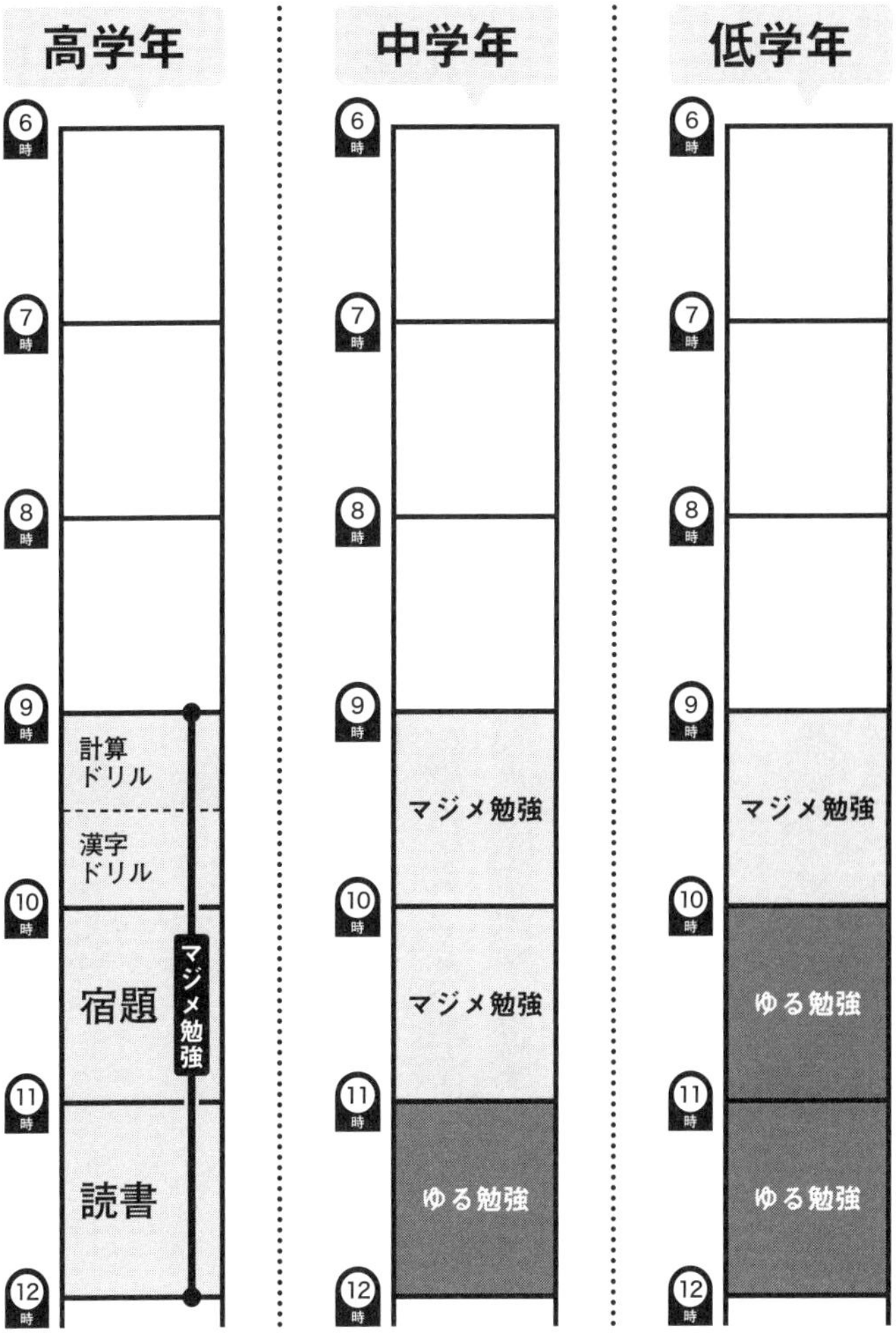

「その日やるべきこと」が決まっていれば、だらだらと勉強することはありません。学習習慣と生活リズムを崩さないために、メリハリのある時間の使い方を心がけましょう。

◯「夏休みの目標」を決めて、達成感を味わわせる

ダラダラしないためにも、ぜひ「夏休み期間中の目標」を立てましょう！

「夏休みの40日間の間に、これをする」と、目標を決めておくと、生活が単調になりません。「夏休みの目標」やり遂げることができれば、「達成感」を味わうことができ、子どもに自信を与えます。

目標を立てるときは、次の「2つ」のレベルに分けて考えてみましょう。

①「やったね！」目標

……ちょっと頑張れば達成できる目標です。目標が高すぎると達成感が得られないので、低いハードルの目標を用意し「やれば、できるんだ！」という体験を積ませる

のです

②「すごいね！」目標

……苦手を克服したり、新しいことにチャレンジする目標。野外体験など、夏休みだからこそできる「大きな目標」を設定しましょう

「やったね！」目標と、「すごいね！」目標を、子どもと一緒にたくさん書き出して、その中から、「それぞれ5個ずつ」（計10個）ぐらいを、子ども自身に選ばせます。自分で決めた目標なら、最後まで頑張ろうとする気力が違います。

親が「勉強」「家のお手伝い」「スポーツ」「工作」「アウトドア（外遊び）」「家族旅行」など、「いくつかのテーマ」に分けて目標をつくることを提案してあげると、バランスのよい目標設定ができるでしょう。

◯中学受験をするなら、小４の夏から「夏期講習」に通わせる

子どもの「中学受験」を考えているなら、小学4年生の夏休みからは、「夏期講習」に通わせることをオススメします。

塾が「夏休み」になったからといって、塾を休むと、まるまる1カ月、塾に通わない期間ができて、学習習慣を忘れてしまったり、塾のカリキュラムに穴をあけてしまうことがあるからです。

子どもによっては、夏休みで遊びグセが身に付いてしまい、夏休みが終わった時点で、「塾をやめてしまう子ども」も出てきます。

小学5年生、6年生になると、勉強量も多くなり、塾の勉強をやり切るだけでも大変です。

ですが、夏期講習を受ける場合でも、基本的には「勉強タイム」と「遊びタイム」に分けるなど、「メリハリをつけた時間割」を考えてあげてください。

家族旅行やキャンプ、外遊びなど、「夏休みにしかできないリフレッシュの時間」もちゃんと設けることで、「よく遊び、よく学べ」で、勉強の効率が上がることでしょう。

第7の力

「本当に頭がいい子」7つの力

あそぶ力

ものごとを柔軟に考えられる力

第7の力
あそぶ力

「あそぶ力」とは、柔軟にものごとを考えられる力

さて最後に「本当に頭がいい子」の【第7の力】「あそぶ力」です。「あそぶ力」に関しては、いままでの項目と重なり合う部分も多いのでザッと解説いたしますが、「あそぶ力」は意識して身に付けたい項目なので【第7の力】として項目を立てています。

「あそぶ力」とは、ものごとをガチガチに決めつけないで、「柔軟な思考力を持っていること」です。「あそび」といっても、外遊びや遊戯、娯楽といった「楽しいときを過ごす」ことではありません。**考え方の「ゆとり幅」のことです。**

クルマを運転する人であれば「ハンドルのあそび」を想像していただければわかりやすいと思います。

クルマのハンドルには、意図的に「あそび（ハンドルを少し切ってもタイヤが動か

ず、蛇行しないように設けられている部分)」がつくられています。私たちは「あそび」のおかげで、クルマを思い通りに動かすことができます。「あそび」がなければ、前輪の受ける振動でハンドルが振られてしまい、運転がしにくくなってしまいます。

私は、人間の能力にも「あそび」が必要だと考えています。つまり、ものごとを「ひとつの正攻法だけ」に決めつけずに、もっと柔軟に考えたほうがいいということです。

「難問の壁」にぶつかったときに、「正面突破」というプランしか持たない人は、壁の強度が自分の能力を上回っていた場合、弾かれてしまうでしょう。

「あそぶ力」のない人は、定石や常識から離れることを嫌がります。ものの考え方が限定的なので「自分の知っている方法」が通用しないと、もう、そこであきらめてしまいます。ですが、「あそぶ力」のある人は、柔軟です。

上から登れないか、横から回れないか、穴を掘ってくぐれないか、壁をスライドできないか、とアプローチのしかたを変えながら、状況を変える力を持っています。プランAが役に立たなければ、躊躇なくプランB（次の手）に移行する。その柔軟さとしなやかさを持っている人は、思考を止めることがありません。

「あそぶ力」が身に付くと、次のようなメリットがあります。

【あそぶ力のメリット】

・納得のいくまで、考え尽くすことができる
・複雑に変化する状況にも対処できる
・ものごとの本質や、原理原則を見つけることができる
・広い視野から、ものごとを多面的に考えることができる
・一度つまずいても、前向きに考えるので、立ち直りが早い
・考え方を自在に変えられるので、応用力がある

そして「あそぶ力」は、大きく「7つの要素」に大別できます。

【「あそぶ力」の7つの要素】

①**「別解を楽しむ力」**…自分で思いつくことを楽しむ力
②**「俯瞰する力」**…全体の中の位置を把握する力
③**「切り替える力」**…いくつかのパターンを想定できる力
④**「見方を変える力」**…別のアプローチ方法に気づく力
⑤**「再試行する力」**…間違いを楽しめる力
⑥**「ユーモア力」**…人を喜ばせることを楽しむ力
⑦**「複数の処理を高速で行う力」**…2つ以上の軸で同時に考える力

この「7つの要素」を備えた子どもは、ものごとを「ひとつに決めつける」ことをしません。**広く、深く、さまざまな角度からものごとを見渡す「視野の広さ」を持っています**。プラスの面、マイナスの面、中性的な面など、さまざまな面からものごとをとらえることができるのです。たとえ、いままで解いたことがない問題に直面しても、これまでと違う解き方を試してみたり、これまでと違う切り口から考えるなどして、なんとか答えにたどり着こうとします。次ページからは、具体的な例題を使いながら、「7つの要素」について、ご紹介していきます。

第7の力
あそぶ力

「別解を楽しむ力」……自分で思いつくことを楽しむ力

・あそぶ力①……「別解を楽しむ力」

「スクールFC（花まるグループの進学塾部門）」の新井淳二くん（仮名・小学5年生）は、大人でも考えつかないあざやかな「別解」を考えつくので、私たちの間で「ミスター別解」と呼ばれています。

新井くんがすばらしいのは、「同じ問題を何回でも解こうとする」ことです。「もっと早く解ける別の方法はないか」を常に考え、試行錯誤をするのです。新井くんには、ものごとをさまざまな角度から見る「あそぶ力」が備わっています。

「別解を楽しむ力」がある子どもは、さまざまな解法を適切に使い分けることができ

「別解を楽しむ力」を問う例題

次の◯を数える式を
思い浮かぶだけ書きましょう。

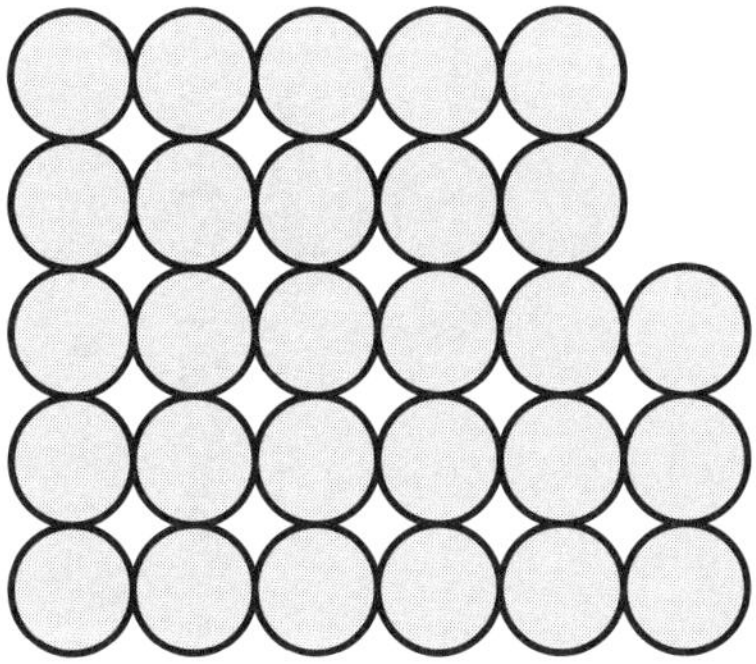

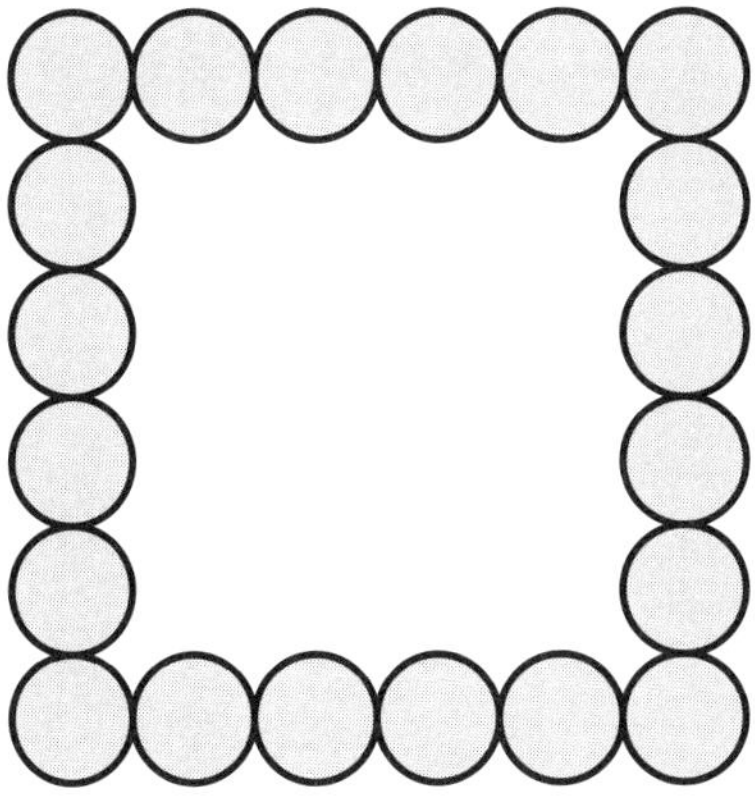

出典：花まる学習会オリジナル問題

ます。

難しい問題が出題されても柔軟に対応できるため、「できない」という壁をつくることがないのです。

では、どうしたら新井くんのような「あそぶ力」が身に付くのでしょうか？

小学校高学年になってから「伸びる子」と、「伸び悩む子」がいますが、その差は、「乳幼児期の体験」にあります。

とくに、「計算ドリルを嫌々やらされた子ども」は、「主体的に、やりたいことをやる経験」と「自分が熱中できることを、気のすむまでやる経験」の量がそれほど多くありません。

こうした子どもは、「答え（結果）を出すことだけ」に焦点を当てる傾向にあり、「別解を楽しむこと」を嫌がるようになります。

「模範解答」さえ教えてもらえれば、それで満足してしまうのです。

「別解を楽しむ力」を問う例題の答え

※解答例（他の数え方もいくらでもありえます）

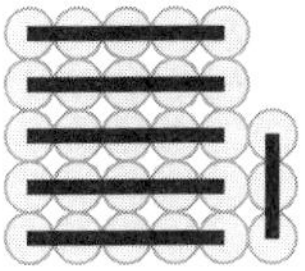

$5\times5+3$

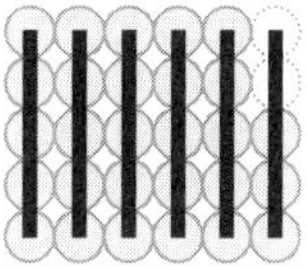

$5\times6-2$

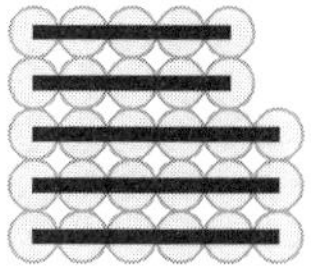

$5\times2+6\times3$

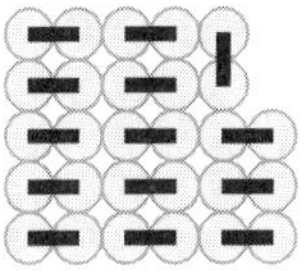

2×14

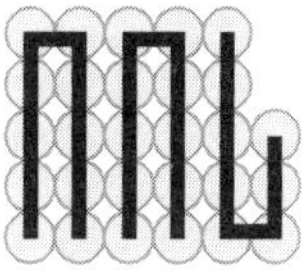

$10\times2+8$

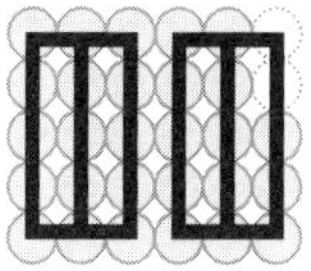

$15\times2-2$

※解答例（他の数え方もいくらでもありえます）

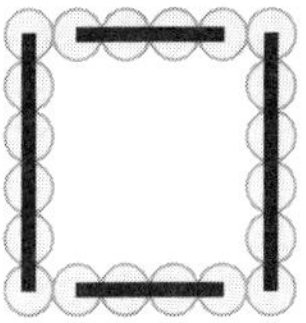

$6\times2+4\times2$

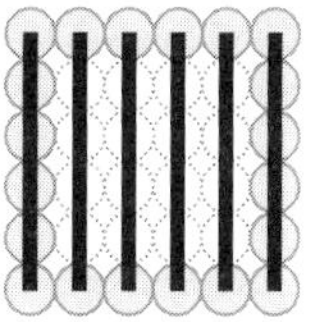

$6\times6-4\times4$

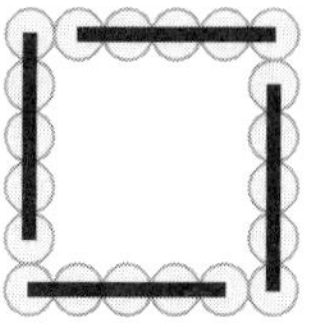

5×4

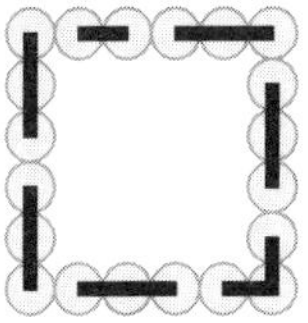

$3\times6+2$

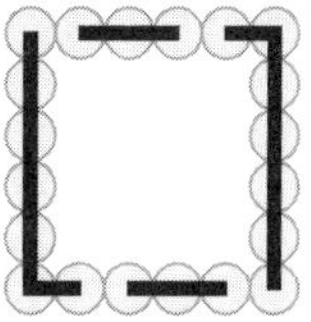

$7\times2+3\times2$

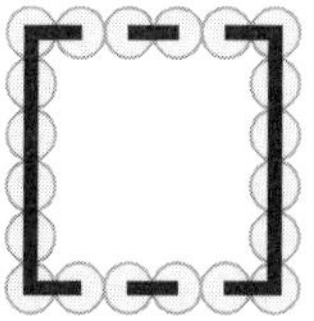

$8\times2+2\times2$

出典：花まる学習会オリジナル問題

ですが、こうした子どもは、「難関の中学受験レベルの算数」には手も足も出ません。「自分の知っている解き方が使えないのなら、もう、お手上げ」と、思考を止めてしまいます。

一方、難関中学校を受験する子どもには、「答え」以上に大切なことがあります。

それは…、

「自分で思いつく楽しさ」

です。

彼らは、子どものころから「自分のやりたいことを、徹底的にやり抜く」という経験をたくさんしてきています。「主体的にやる喜び」を知っているため、

「もっと別のやり方があるんじゃないかな?」

と、「別解」探しにも、非常に意欲的です。

答えがひとつに決まっている問題にも、そこにたどり着くまでの道順は、何通りも

あることを知っています。

算数が得意な子どもは、「自分だけの道筋」を見つけ出すことに、勉強の醍醐味を感じているのです。

第7の力
あそぶ力

「俯瞰する力」…全体の中の位置を把握する力

・あそぶ力②…「俯瞰する力」

「俯瞰する力」とは、やみくもに数字を当てはめるのではなく、一歩引いて、ものごとを客観視できる力のことです。「木」より「森」を見渡すことができるか、を問う力です。

「俯瞰する力」がある人は、論理的に絞り込んでいける能力があります。「のめり込む自分」と「一歩引いた自分」を使い分けるのも上手です。手当り次第に問題を解くのではなく、問題の中に隠された「カギ」を見つける目を持っています。

ところが、「俯瞰する力」が弱い子どもは、論理的に考えることが苦手です。「決ま

「俯瞰する力」を問う例題

横3行、縦3列のマス目を持つ表があります。
0、1、2、3、4、5、6、7、8、9のいずれかの数がそれぞれのマスに入ります。同じ数は1回までしか使いません。
この表の各行の3つの数の合計はどれも九九の3の段の数に、各列の3つの数の合計はどれも4の段の数になります。

このとき、使わなかった数を答えなさい。

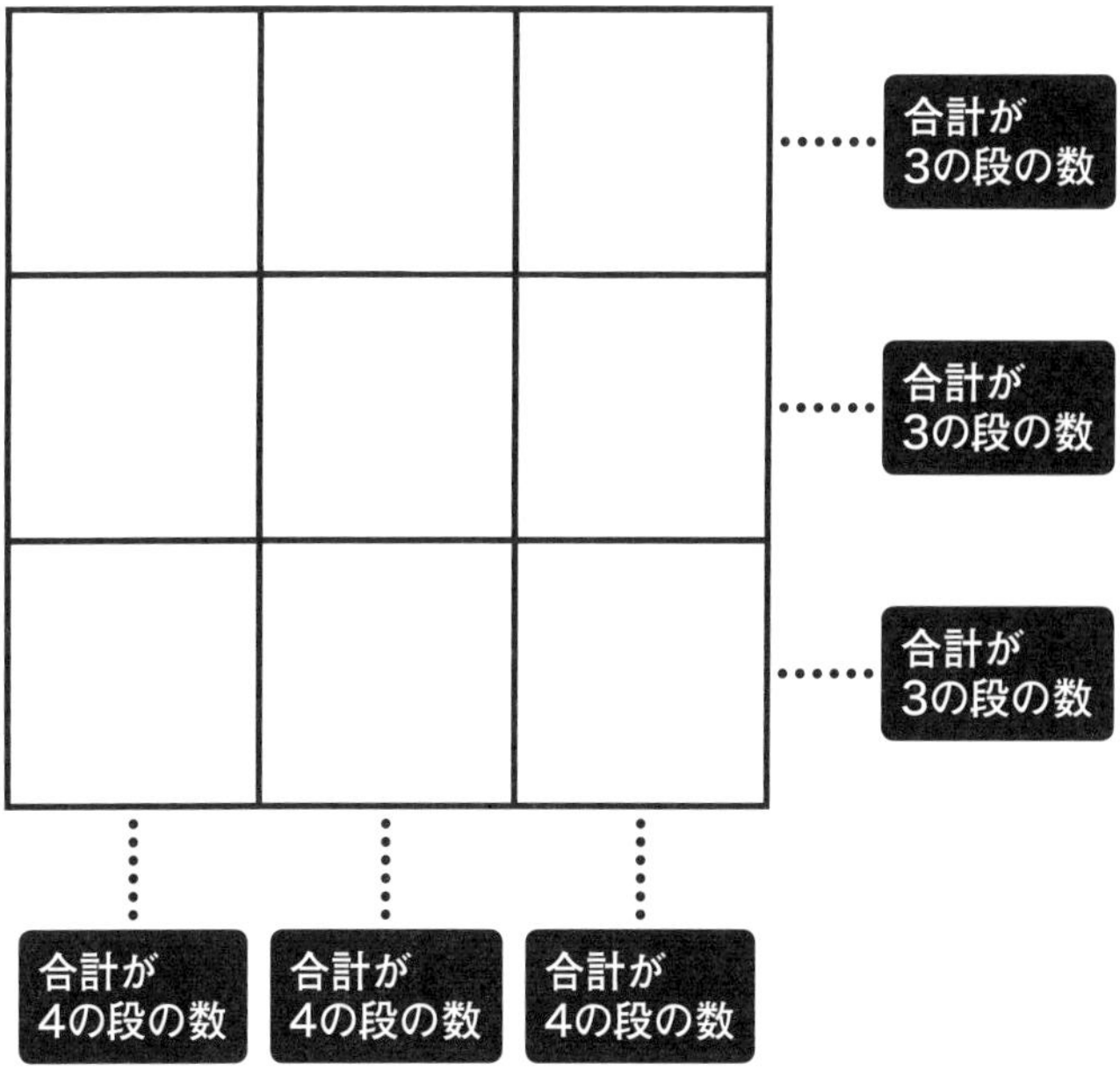

出典：『考える力がつく算数脳パズル　整数なぞペー〈小学4〜6年編〉』
（高濱正伸・川島慶／草思社）

ったこと（必要条件）」と「決まっていないこと（場合分け）」を仕分けることができません。したがって、片っ端から、とにかく、ただ問題を解こうとします。これでは、正解にたどり着くことはできません。

「俯瞰する力」は、ビジネスパーソンにとって、とくに必要とされる力です。

仕事全体の流れの中で、「自分が携わっている業務は、どのような位置付けなのか」「組織の中で、自分の果たす役割は何なのか」など「全体の中の自分の位置関係」をイメージできないと、正しい判断を誤ってしまうでしょう。

「俯瞰する力」のある人は、「他者性を持ったコミュニケーション」が取れるため、クラスの人気者になりやすいです。「花まる学習会」の増田正くん（仮名・小学4年生）が、誰とでも仲よくできて、彼のまわりに笑いが絶えないのは、「クラスの中の自分の位置」を、俯瞰して見ることができているからだと思います。

「俯瞰する力」を問う例題の答え

解答：9

各行の3つの数の合計はどれも3の段の数になるということから、9マスすべての数の合計が3の倍数だとわかります。同様に、各列の3つの数の合計はどれも4の段の数なるということから、すべての数の合計が4の倍数だとわかります。したがって、すべての数の合計は、3と4の最小公倍数である12の倍数となることが必要です。

0から9まですべて足すと、45になるので、合計を12の倍数にするためには、9を抜いて、合計を36にするしかありません。

たとえば数字の配置は「図」のようになります。

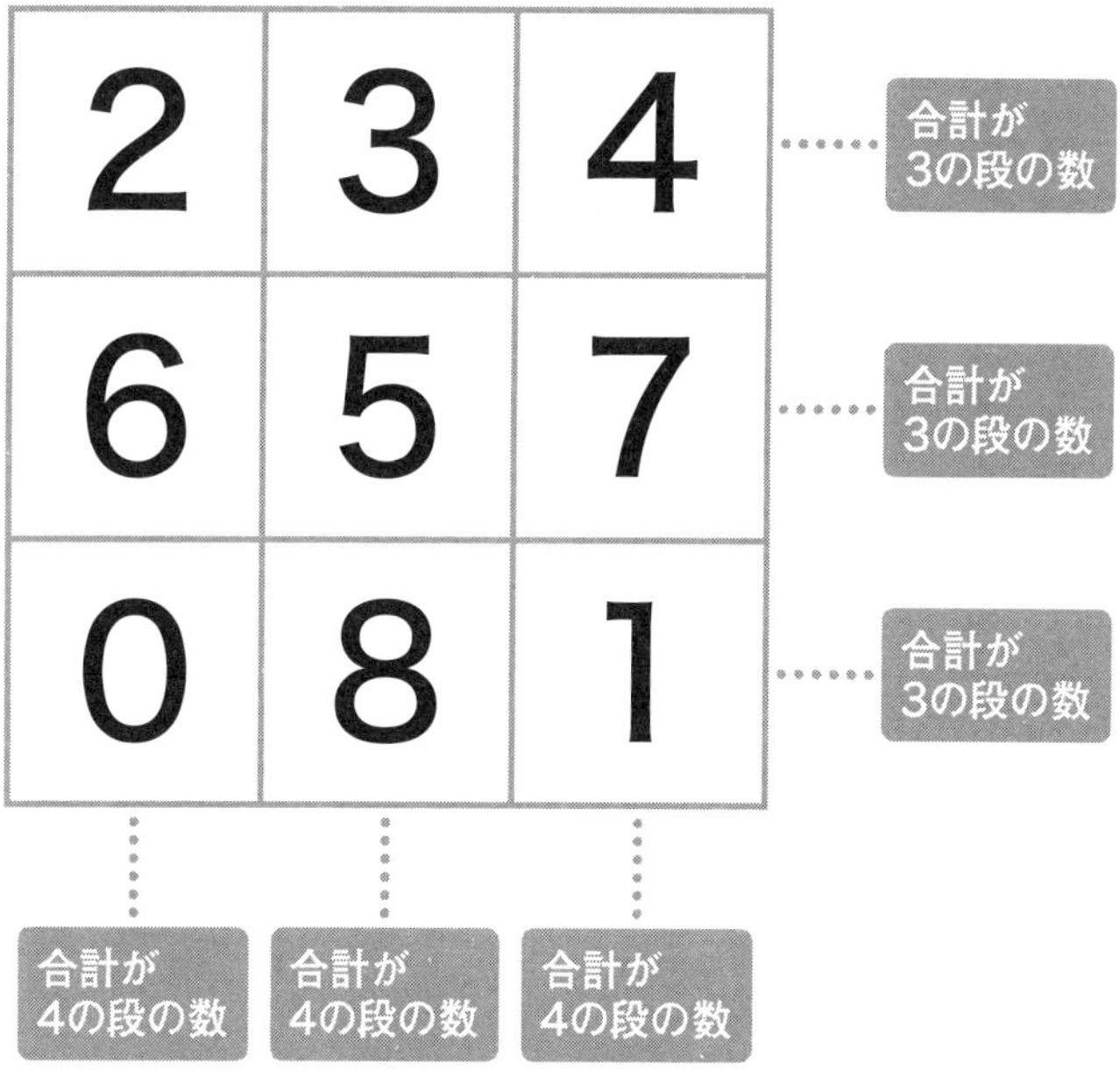

出典：『考える力がつく算数脳パズル　整数なぞペー〈小学4～6年編〉』
（高濱正伸・川島慶／草思社）

「切り替える力」…いくつかのパターンを想定する力

・**あそぶ力③…「切り替える力」**

「切り替える力」とは、「ほかにもないかな？」という視点を持つことです。

たとえば、「相手（親）の出したカードとかけ算をして、1の位が『6』になるカードを1枚だけ出せる」というゲームをしていたとします（次ページの例題を参照）。

相手が出したカードが「2」だったとき、「切り替える力のある子ども」は、「出せるカードは、きっとひとつではない」「2と掛けたときに、1の位が『6』になるカードは、何パターンかありそうだな…」という前提でものごとを考えられます。

したがって、選択肢が「3」と「8」の2つあることに気づきやすいのです。

「切り替える力」を問う例題

相手（親）の出したカードとかけ算して、1の位が6になるカードを1枚だけ出せる、というゲームをしています。

いまあなたは、3、4、6、7、8、9のカードを持っています。

親が、8、2、4、6、9、7の順で出してくるとしたら、あなたはどのようにカードを出していきますか。

全部出せれば（あがり）あなたの勝ちです。

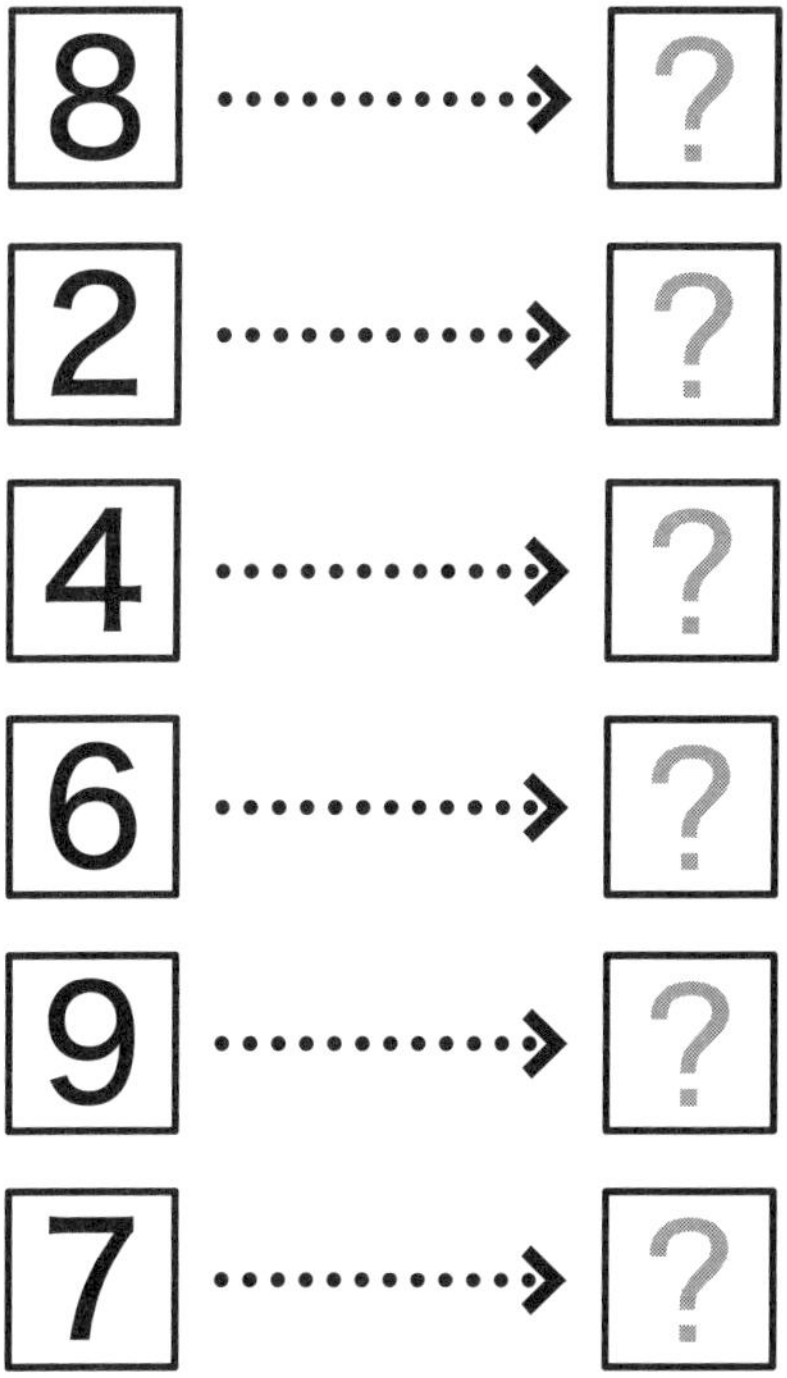

出典：『考える力がつく 算数脳パズルなぞペー ①』（高濱正伸／草思社）

なにかの理由で「8」を出すとゲームが上がれないときは、「じゃあ、『3』にしてみよう」と切り替えることができます。このタイプは、「これでだめなら、次。次でだめなら、その次」と見方や切り口や解法を変えていくことができるので、発想の転換がとても上手です。

ところが、「切り替える力の弱い子ども」は、「いくつか、パターンがありそうだ」と幅を持たせて考えることができません。

「答えはひとつしかない」と、勝手に決めつけているので、「8」という答えに気がつくと、「あった、あった、8だ!」と喜んで終わりで、そこで思考が停止してしまいます。「3」という、もうひとつの答えに気づくことができません。もしかしたら「3」のほうが、よりベストな上がりの形かもしれないのに…です。

「ものごとを限定的に考えてしまう」のでは、本当にいい思考ができないのです。

「切り替える力」は、「心の強さ」にも関わっています。この力があれば「発想の転換」ができますから、心の折り合いがつけやすい。困難やピンチに見舞われたときでも、**「ま、いいか。別の方法で、やるしかないか」**とプラス思考で対処できるでしょう。

「切り替える力」を問う例題の答え

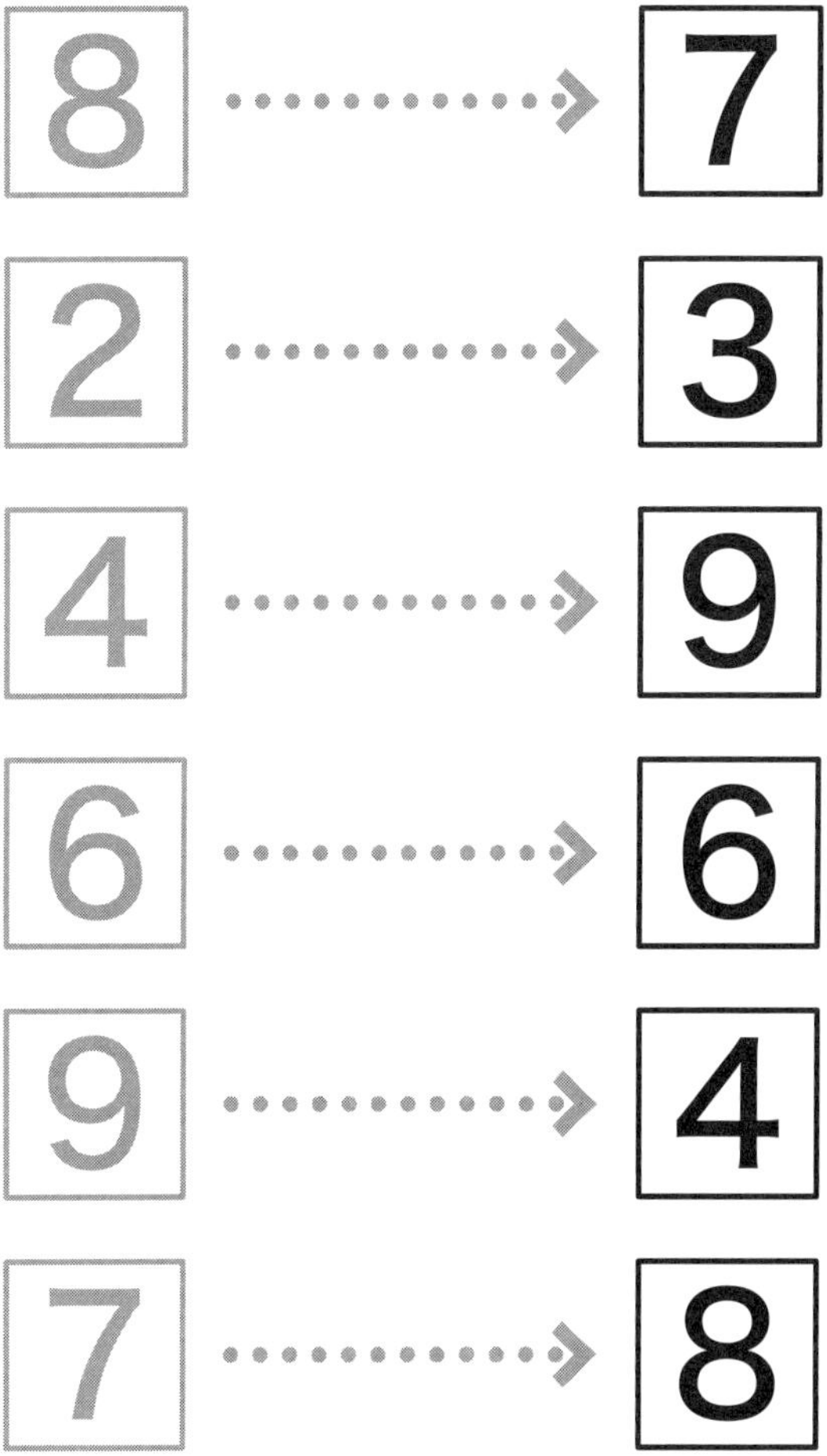

出典：『考える力がつく 算数脳パズルなぞペー ①』（高濱正伸／草思社）

第7の力
あそぶ力

「見方を変える力」……別のアプローチ方法に気づく力

・あそぶ力④…「見方を変える力」

算数では、「見方を変える力」を問う問題が出題されることがあります。具体的に問題を見たほうがわかりやすいと思いますので、次ページに例題を示します。

この問題は、迷路を試行錯誤して通るように、力任せで数字を進めていけば、なんとか解ける問題です。「左上角の『1』から数字を進めていき、通れなくなったら引き返したり、戻ったりする」といった解決方法でも、解くことができます。

ところが、この方法でやみくもに数字を進めようとすると、時間ばかりかかってし

「見方を変える力」を問う例題

左上角の1から右下角の19までの数字を
1回ずつだけ通りなさい。
進めるのは、上下左右のみです。

1	15	10	18	3	8
3	16	17	5	4	7
12	17	18	13	1	11
2	14	13	9	2	15
7	16	14	5	6	10
4	9	6	8	12	19

出典：『大人の算数脳パズル　なぞペー』（高濱正伸・川島慶／草思社）

まいます。つまり、「見方を変えて、別のアプローチをしなければならない」のです。

「見方を変える力」がある子どもは、「同じ数字は1回ずつしか通れない」という条件に着目して、「絶対に通らなければいけないマスはあるか」「絶対に通れないマスはあるか」を考えることができます。

・「同じ数字を二度通ることはできないのだから、中央右の『1』は通れない」
・「ひとつしかない数字は通らなければいけないのだから、『11』を通るのは決定」
・「『11』の上下にある『7』と『15』は通ることが決定」
・「『11』の下にある『15』を通るのだから、左上角『1』の隣の『15』は通らない」

と思考を広げ、ルートを狭めていくのです。そうすれば、試行錯誤する回数を減らすことができます。

見方を変えれば、**「この問題は、何の考えも持たずに迷路に飛び込むような問題ではない。マスの中の数字に目を向ければ、ムダな時間をかけなくてもルートは見つかるはずだ」**と、気づくことができるわけです。

「見方を変える力」が強い人は、「発見力」にも秀でています。「A」と「B」という、一見すると、何の関係もないものの中から、共通の原理原則を見つけ出したり、あるいは、AとBを結びつけて「C」という新しいアイデアを生み出すなど、柔軟な発想をするのが得意です。

女の子は、算数の問題を解くときも、自分が覚えた知識（公式など）を使って、一歩ずつ解答に近づいていくことが多い気がします。

そういう意味では、男の子の方が「あそぶ力」のバリエーションは、全体として多いかもしれません。

ですが、例外はあります。

山口彩子さん（仮名・小学5年生）は、違いました。

実は、山口さんが、女の子の中でも算数の成績が抜きん出てよかったのは、彼女が「見方を変える力」を持っていたからです。

山口さんは、算数の問題を見ると、いつも「見方を変えて、問題が解けないか？」

と試行錯誤をし、「図形」の問題として解ける問題ですら、「整数」の発想で答えを出すことができました。

「見方を変える力」があれば、算数の問題に強くなるだけでなく、社会に出ても、行き詰ることがなくなることでしょう。

「見方を変える力」を問う例題の答え

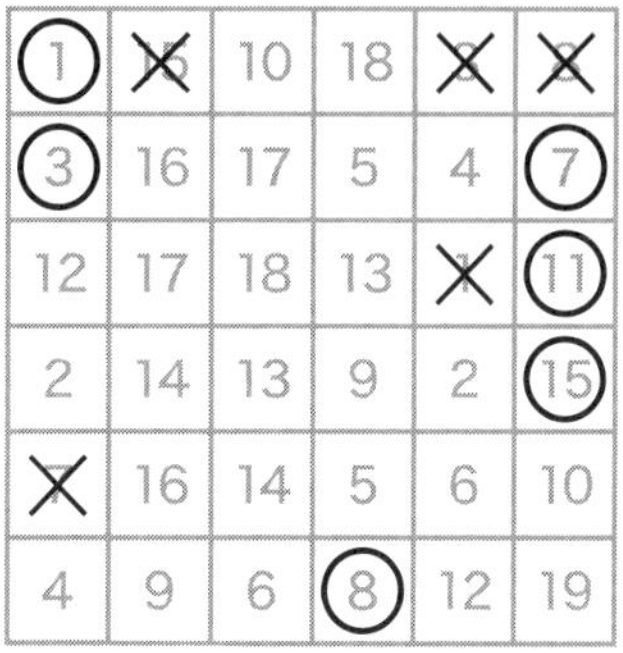

「同じ数字は1回ずつしか通れない」ということから、中央右の1は通れない。あと、19以外に一度しか出てこない11は通ることが決定。11は1の隣にあるので、11の上下の7、15は通ることが決定。なので、スタート位置の隣の15と左下の7は通らない。15が通らないことから、直下の3は通ることが決定し、右上の3は通らない。
そうすると、右上角の8は通れなく、中央下の8は必ず通る。
ここまでを示したのが上図。
このように決めていくと、下図が一意に決定する。

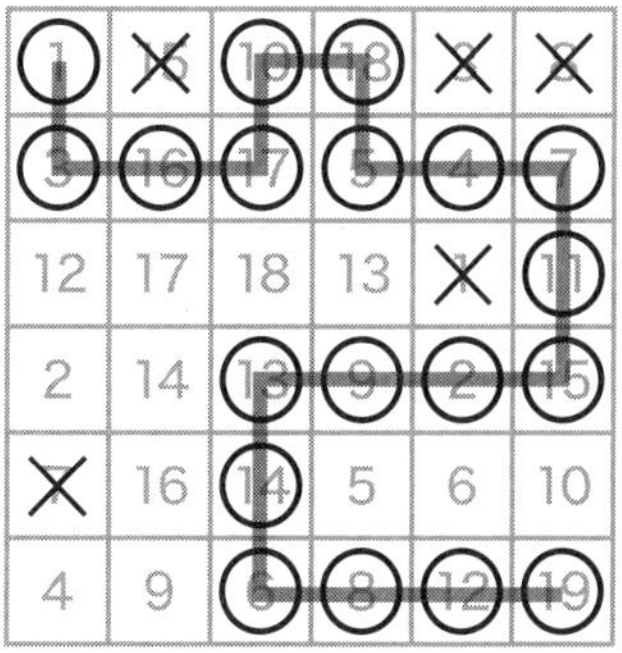

出典：『大人の算数脳パズル　なぞぺー』（高濱正伸・川島慶／草思社）

第7の力
あそぶ力

「再試行する力」……間違いを楽しめる力

・あそぶ力⑤……「再試行する力」

「再試行する力」とは、「不思議さ」や「驚き」を感じ力のことともいえます。次ページの例題を見てください。

この問題は、A組とB組、それぞれの数字を足した数が同じになるように、数字を取り替えなければなりません。小学校低学年にこの問題を解かせると、算数の苦手な子どもは、A組の「7」と、B組の「5」を取り替えようとします。

短絡的に「いちばん大きい数字同士を交換すればいいのではないか？」と根拠なく思ってしまったり、「A組とB組の差は『2』だから、『7』と『5』を交換すればいいんじゃないか」と考えてしまうのです。

「再試行する力」を問う例題

2組の数字の集まりがあります。
それぞれの組の数字を足した数が、同じになるように、
数字を取り替えます。
どの数字とどの数字を取り替えますか。
矢印でつなぎなさい。

A組	B組
1	5
7	3
6	4

出典：『考える力がつく 算数脳パズルなぞペー ①』（高濱正伸／草思社）

そして、「7」と「5」を交換すると、どうなるか。A組の合計は「12」に減り、B組の合計は「14」に増え、数字が逆転します。すると子どもは、思いもよらなかった結果に、「えぇ！　なんで？」と驚くわけです。

大人が普通に考えると「左の合計が14」「右の合計が12」なので、差が1ずつのものをとりかえればいいとわかるが、そこを教えること自体は目的ではないのです。

私は、この**「えぇ！　なんで？」の驚きが、子どもの知的躍動をかき立てる**と考えています。たとえ、一度間違ったとしても、この「えぇ！　なんで？」という驚きや、不思議さや、発見を胸に刻むことができれば、「じゃあ、もう一度、やってみよう」と、再度トライする気持ちを持続することができるのです。

子どもが問題を間違えたとき、親は「どうして解けないの？」「なんでこんなかんたんなミスをするの？」と否定的な指摘をしがちです。すると子どもは「間違えること自体がダメなことなんだ」と萎縮し、せっかくの知的躍動を押さえつけることになります。「間違っちゃダメ！」と叱るのではなく、「間違っても大丈夫。もう一度やってごらん！」と声をかけ、間違いを怖れない子どもを育てていきましょう！

「再試行する力」を問う例題の答え

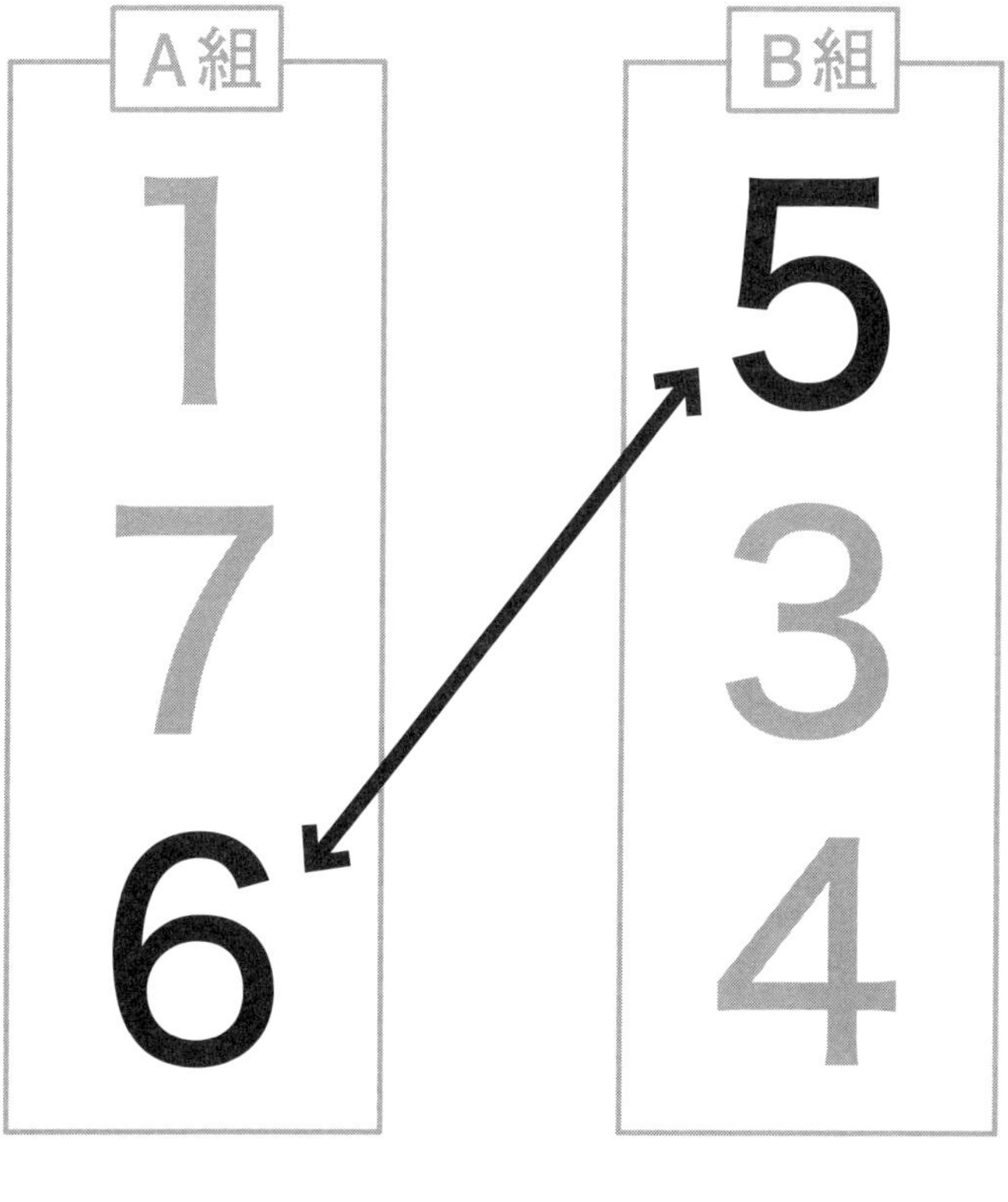

出典：『考える力がつく 算数脳パズルなぞぺー ①』（高濱正伸／草思社）

第7の力
あそぶ力

「ユーモア力」…人を喜ばせることを楽しむ力

・あそぶ力⑥…「ユーモア力」

子どもたちを観察してわかったことは、「ユーモアのある子どもの中には、算数が得意な子どもが多い」ということです。その理由は、「ユーモアのある子どもは、『発見力』に長けている」からです。

落語家やお笑い芸人など、話芸がうまい人は、オチをつくるのが非常にうまい。聞き手の予想を裏切るような「結び方（オチ）」をして、笑いを誘います。あの「オチをつくる感覚」は、独創的な着眼点を見つける「発見力」とまったく一緒です。

また、「ユーモア力」のある人は、「発見力」を発動して笑いのネタを考えたあと、

「ユーモア力」を問う例題

次の絵のオチを考えてください。

出典：『たこマン：発想力を鍛える2コマ漫画カード』（高濱正伸+ the rocket gold star／小学館）

自分のセンスが通用するかどうか、人に試そうとします。少しくらいウケなくても「じゃあ、こんどは、こう言ってみたらどうだろう?」とアイデアを変えながら、何度も、何度も試す。だから、いつも前向きなのです。

「ユーモア力」がある人は、「人の心に仕掛ける意識」を持っているので、社会に出てからも活躍しやすいのです。**「相手を、もっと驚かせてやろう、もっと喜ばせてやろう」と考えながら仕事をしているのですから、当然ともいえます。**「ここまでやれば十分」と思っても、「いや待て。もうちょっとおもしろくできないだろうか?」と、粘り強く踏み込んで考えるので、相手の期待を大きく上回ることができるのです。

ユーモアは、「試そうとする力」が「対人」に現れたものです。子どもが多少ふざけても、やんちゃでも、頭ごなしに怒る必要はありません。

むしろ、大いに期待して、「ユーモア力」を褒めて、伸ばしてあげましょう!

「ユーモア力」を問う例題の答え

出典：『たこマン：発想力を鍛える２コマ漫画カード』（高濱正伸+ the rocket gold star ／小学館）

第7の力
あそぶ力

「複数の処理を高速で行う力」…2つの軸で同時に考える力

・あそぶ力⑦…「複数の処理を高速で行う力」

三好弘樹くん（仮名・小学5年生）は、私たちから見ても、「算数の天才」と呼べる子どもです。

彼は、トップレベルの子どもでも「40分」はかかる問題を「10分」で終わらせるほど、頭の回転が速いのです。彼の頭の回転スピードの秘密とは、「2つの軸」で問題を解いているからです。

彼は、課題に対して深くのめり込みながらも、同時に「あそぶ力」を発揮して、「どうすればもっと速くできるようになるのか」を、常に考えているのです。だから、圧倒的に速く問題を解くことができるのです。

「複数の処理を、同時並行で、かつ高速で行う力」があれば、「あそぶ力」の7つの能力をいろいろと組み合わせて、同時にいくつもの視点でものごとを考えることができるでしょう。

したがって、**「思考の深さと、速さと、多様さ」が、同時に向上していくのです。**

算数が「抜群に」得意な子どもは、この「2つの軸」で問題を解いています。

たとえば、計算問題なら、「正しく解くという軸」と「速く解くという軸」の両方を持っています。図形問題であれば、「正しく解くという軸」と、「キレイに描くという軸」の両方です。

「36＋45＋54」という足し算をするとき、「2つの軸」を持っている子どもは、「36＋45」を計算しながら、同時に「54」を視野に入れています。そして、36＋54を先にやったほうが速いと一瞬で思いつきます（答えは135です）。

だから、正しく、速く計算できるのです。

立方体を描くときに、図形を、正しく、キレイに描ける子どもは、「先に斜めの線を描くと、ズレてしまってキレイに描けないから、縦と横の線から描いたほうがいい」と瞬間的に判断するのです。

だから、正しく、キレイに描けるのです。

「あそぶ力」を持っている子どもは、ひとつの作業をしながら、別の作業を頭の片隅に意識する余力があります。

だからこそ、「2つの軸」を持って考えることができるのです。

たとえば、1から10まで順番に数を数えていき、「1の位が5の数字」のときだけ「ゴリラ!」と言って、ゴリラの手振りをする。

「1、2、3、4、ゴリラ、6、7、8、9、10」

それができるようになったら、こんどはルールをもうひとつ加え、「4の倍数」のときは「アホな声」を出すと決めます。

「複数の処理を高速で行う力」を問う例題

スタートから「100、91、82、73……」という数のならびのルールにしたがってゴールを目指そう。宝箱までたどりつけるかな？

ただし、「動き方のルール」があるよ。

・縦か横ならどこにでも進めるよ
・マスを飛び越えて縦と横に進めるよ
・将棋の「飛車」の動きと同じだよ

スタート

100	89	90	91	82	91	19	37
92	19	46	20	72	81	28	46
64	55	55	73	63	64	56	64
37	63	64	54	72	73	65	10
91	11	28	82	73	28	37	73
73	19	19	18	73	82	36	28
74	46	55	46	36	83	46	9
28	10	54	9	19	72	11	1

ゴール

出典：『東大脳ドリル　けいさん　初級』（高濱正伸・川島慶／学習研究社）

「1、2、3、ヨーン、ゴリラ、6、7、ハ～チ、9、10」

このようにルールを増やしていくと、どんどん動作が複雑になっていきますから、「複数の処理」をするということを、体感できるようになります（「花まる学習会」では、実際にこの遊びをやって、「複数の処理を高速で行う力」を高めています）。

「複数の処理を高速で行う力」を問う例題の答え

「スタートから行こうとすると、100から次の91に進むための候補は3カ所あり、その次の82に進む候補も複数ある」という処理をしながらも、このとき同時に、「ゴールの1から逆に10に戻るための候補が2カ所であり、次の19に行けるのは1経路しかない」ことを意識する余力があるかどうか。

「ゴールから戻った方が迷いなく短時間で行けそうだ」と判断できれば、あとは、それほど迷うことなく、スタートまで戻れるはず。

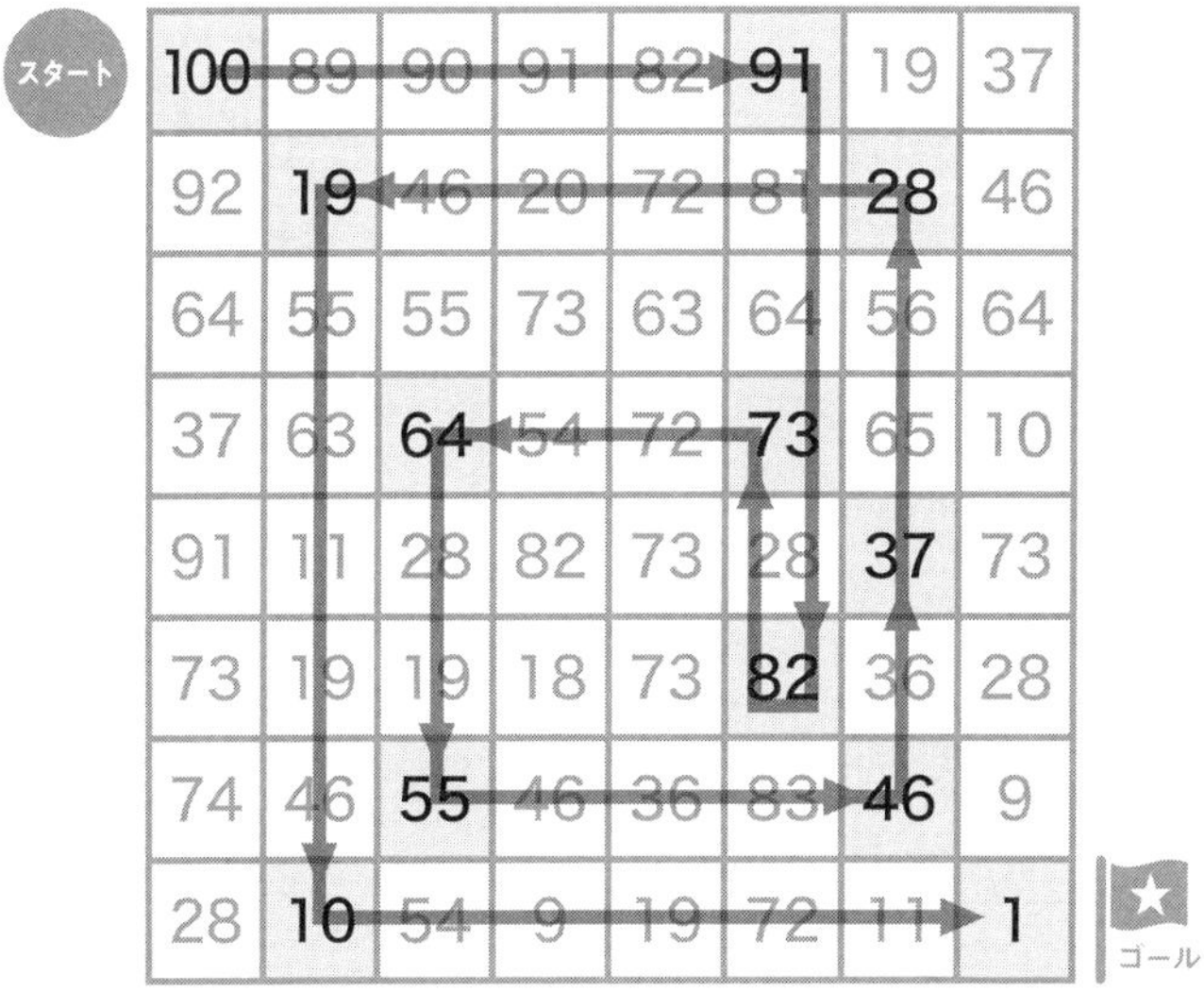

100	89	90	91	82	91	19	37
92	19	46	20	72	81	28	46
64	55	55	73	63	64	56	64
37	63	64	54	72	73	65	10
91	11	28	82	73	28	37	73
73	19	19	18	73	82	36	28
74	46	55	46	36	83	46	9
28	10	54	9	19	72	11	1

出典：『東大脳ドリル　けいさん　初級』（高濱正伸・川島慶／学習研究社）

おわりに

親の役割とは、あえて「逆境」を子どもに経験させつつ、信じて、見守り、愛してあげること

「はじめに」でも述べたように、私は、20年以上前に、「メシが食える魅力的な大人を育てたい」との思いから、「花まる学習会」を立ち上げました。

ですが、まだまだ、状況は好転してはいません。

「不登校」「ひきこもり」「ニート」の問題は、依然として、顕在化されたままです。

「若年無業者」(15〜34歳の非労働力人口のうち、通学、家事を行っていない者)は、2002年以降、ずっと「60万人台」で推移しています(内閣府「子ども・若者白書」より)。

学校や職場でのいじめ、就職や進学の挫折など、「若年無業者」を生み出した背景には、いくつかの理由が考えられます。しかし、問題の本質を突き詰めてみると…、

「子どものころ、逆境を乗り越える体験をすることができなかった」

ことが、いちばんの理由だと、数々の経験から、私は感じています。

社会に出れば、「自分が望まない仕事を与えられること」も多くありますし、上司や先輩、取引先との人間関係に心をすり減らすことも、しょっちゅうです。

でも、世間では、それが「当たり前のこと」であり、私たちは、思い通りにいかない毎日の中で、なんとか、「自分らしさ」を見つけていかなければならないのです。

ところが、「逆境に対する経験」が不足している子どもは、「辛いのは、嫌だ！」「こんなのは、自分らしくない！」と言い訳をして、すぐにその場から逃げ出そうとします。

世界陸上選手権の銅メダリスト為《ため》末《すえ》大《だい》さん（400mハードル日本記録保持者）は、SNSを使って、「世の中に怒っている人は世の中は公平で理不尽ではないと思っている。だからそうではない現実が受け入れられない。子供が親に甘える感情。現実社会は理不尽で不公平。その上で人間らしくあろうと皆生きている」といった発信をされたそうですが、私も、本当に、同意見です。

「社会は常に理不尽」です。しかし、**「社会は理不尽」ということを心得たうえで、「自分の可能性に挑戦すること」「逃げる前に、向き合ってみること」の大切さを説くのが、大人の役割ではないでしょうか。**

人生は、思い通りにいかないからこそ、おもしろいのです。

◯「合わない」ではなく、「合わせる」のが、生きる力の基本姿勢

働かない大人の特徴は「すぐに、不満を口にして、逃げようとする」ことです。私が思い出す25歳のフリーター、藤田直孝くん（仮名）の口癖は…、

「合わない」

でした。

「最近、アルバイトを辞めたばかり」だと言うので、藤田くんにその理由を問うと、こんな答えが返ってきました。

「マニュアルが多くて、自分には合わない」
「指導してくれるスタッフと、性格が合わない」
「この仕事、やっぱり合わない」

「合わない」から仕事を辞めて、次を探す。次の場所でも「合わない」を理由に辞める。その繰り返しです。

藤田くんは、ものごとを「他責」で考えています。

「自分に合わせてくれる会社や相手がいないのが悪い」

と、まわりのせいにして、不満を募らせているのです。

さらに、手におえないのは、**「藤田くん本人には、『他人の責任にしている』という自覚がまったくなく、本当に、世の中が悪いと思っていること」**なのです。

このままでは、現在の位置から、回復しようがありません。

彼の勘違いは「自分に合う仕事は、どこかにある。それがまだ見つかっていないだけ。いい人間関係の会社があまりないし、やりたい仕事がある会社もあまりない」と思っていることです。

私は、**「世の中に、自分に100%合った仕事などない」**と考えています。

「合う仕事を探す」のではなく、**「仕事に自分を合わせる」**のが、社会人としての基本姿勢です。

「上司と合わない、会社と合わない、親と合わない……」。
「合わない」という言葉に逃げ込み、「合わせるための必死の努力」をないがしろにしているかぎり、「自分の力でメシが食える魅力的な大人」にはなりません。

◯ケンカも、トラブルも、子どもにとっては大切な財産

たとえば、子どもが友だちとケンカをして、泣いて帰ってきたとします。すると、「うちの子を泣かすなんて、許せない」と怒り、学校に乗り込む親がいます。

でも、「子どものケンカに親が出る（おとなげないことのたとえ）」ということわざもあるように、子どものケンカに、親は口を出さないほうがいい。それは、子どもから「逆境体験」を奪うだけです。

子どもは、友だちとのケンカの中から、「どうして自分は怒っているのか」「どうして相手は怒っているのか」を考え、謝り方、仲直りのしかた、「ごめんなさい」を言

うタイミングなどを、自ら学んでいきます。

そして、ようやく仲直りできたとき、その経験が、今後の「生きる力の糧」になります。

私のところにも、「子どもが学校で、こんな目にあった！」という相談が、たくさん寄せられます。そんなとき私は、次のようにお話しします。

「あのですね、お母さん。子どもは、学校に『もまれ』に行っているのだと考えてください。だから、『嫌なこと』があるのは、当たり前なんです。親は、子どもの世界にあまり干渉しすぎないほうがいいと思います。子どもは、『嫌なこと』と向き合いながら、それを乗り越える力を自分で身に付けていく修業をしている最中なのです。お母さんは、ニコニコと笑って、子どもを見守ってあげてください。そうすれば子どもは、安心して、『嫌なこと』にも立ち向かっていくはずです」

「もめごとは、成長のこやし」です。

ケンカも、トラブルも、子どもにとっては貴重な「財産」です。

「負けた」「悔しい」「悲しい」という負の感情を乗り越えた経験こそが、子どもの心を強くします。親にできることは、「もめごと」や「トラブル」と向き合おうとする子どもを、

「信じて、見守り、愛してあげること」

だけ、なのです。

お母さんとお父さんがすべきことは、**たとえ、親がいなくなったとしても、「自分の力でメシが食える魅力的な大人」に、子どもを育てるために、あえて「逆境」を経験させること**ではないでしょうか？

そうやって、**あなたの最愛の子どもが成長した先に……、「負けた・悔しい・悲しい」という逆境や嫌なことに立ち向かい、子どもがそれを乗り越えていったその先に……、**

「自分の力でメシが食える魅力的な大人」＝「他人を幸せにできる人」＝「本当に頭がいい人」として、あなたの子どもが大活躍する、輝かしい未来が待っているのです。

本書が、そんな未来の子どもたちを育てようとする、素敵なお母さんとお父さんのお役に立てれば、幸甚です。

そして本書『本当に頭がいい子の育て方』のＤＶＤも２０１４年９月から、全国の「ＴＳＵＴＡＹＡ（一部店舗除く）」で、レンタルされる予定です。詳しくは「ＴＳＵＴＡＹＡビジネスカレッジのサイト（http://tsutaya-college.jp/）」よりご確認ください。

最後になりましたが、本書の制作に協力してくれた、花まる学習会のスタッフである、仁木耕平さん、野上かおりさん、川島慶《けい》さん、竹谷和《かず》さん、岩川真弓さん、佐々木汐莉《しおり》さん、本当にありがとう。そして、編集協力をしていただいたクロロスの藤吉豊さん、斎藤充さん、ＤＶＤ製作に携わってくださいましたＴＳＵＴＡＹＡビジネスカレッジの西園直広さん、東節子さん、大変、感謝をしております。

また、本書の編集を担当していただきましたダイヤモンド社の飯沼一洋さんには、大変、お世話になりました。記して感謝いたします。

２０１４年８月

花まる学習会　代表　高濱《たかはま》正伸《まさのぶ》

【参考文献】

・『わが子を「メシが食える大人」に育てる』（高濱正伸／廣済堂出版）
・『高濱正伸の10歳からの子育て』（高濱正伸／総合法令出版）
・『小3までに育てたい算数脳』（高濱正伸／健康ジャーナル社）
・『「メシが食える大人」に育つ子どもの習慣』（高濱正伸／KADOKAWA中経出版）
・『アエラキッズブック　高濱正伸の絶対失敗しない子育て塾』（高濱正伸／朝日新聞出版）
・『勉強が大好きになる花まる学習会の育て方』（高濱正伸／かんき出版）
・『全教科の成績が良くなる　国語の力を親が伸ばす』（高濱正伸／カンゼン）
・『高濱コラム　子どもたちを育てる目』（高濱正伸／実務教育出版）
・『わが子を「ヤワな大人」にしない子育て』（高濱正伸／廣済堂出版）
・『子どもの本質100　何かができたときは、お母さんに見てほしい』（高濱正伸／マガジンハウス）
・『子どもを伸ばす父親、ダメにする父親』

（高濱正伸／KADOKAWA角川学芸出版）
・『中学受験に失敗しない』（高濱正伸／PHP研究所）
・『考える力がつく算数脳パズル　迷路なぞぺー』（高濱正伸・川島慶／草思社）
・『5歳～小学3年　考える力がつく算数脳パズル　なぞぺー（1）』（高濱正伸／草思社）
・『伸び続ける子が育つ　お母さんの習慣』（高濱正伸／青春出版社）
・『生き抜く力をつける　お母さんのほめ方・叱り方』（高濱正伸／小学館）
・『伸び続ける子が育つ！　お母さんへの60の言葉』（高濱正伸／青春出版社）
・『お母さんのための「男の子」の育て方』（高濱正伸／実務教育出版）
・『お母さんのための「女の子」の育て方』（高濱正伸／実務教育出版）

※また、本書内の算数の問題「中学校の試験問題」の「解答方法」については、花まる学習会、独自の見解によるものです

【著者プロフィール】

高濱正伸（たかはま・まさのぶ）

花まる学習会代表。1959年、熊本県生まれ。県立熊本高校卒業後、東京大学へ入学。同大学大学院修士課程修了。

1993年、小学校低学年向けの「作文」「読書」「思考力」「野外体験」を重視した学習教室「花まる学習会」を設立。同時に、ひきこもりや不登校児の教育も開始。

1995年には、小学4年生から中学3年生対象の進学塾「スクールFC」を設立。教育信条は、子どもを「メシが食える魅力的な大人に育てる」こと。

教室での独創的な授業のほか、サマースクールや雪国スクールなど、独自の試みが評判を呼び、花まる学習会、スクールFCの会員数は1万8千人を超える。また、各地で行う講演会も、毎回キャンセル待ちという盛況ぶり。

「情熱大陸」「カンブリア宮殿」「ソロモン流」をはじめとするTV出演のほか、ラジオ、雑誌、新聞などにおいても、そのユニークな教育手法が紹介されている。

著書は、『夫は犬だと思えばいい。』（集英社）、『わが子を「メシが食える大人」に育てる』（廣済堂出版）、『大人の「メシが食える力」10』（マガジンハウス）など多数。累計売上100万部超。

【花まる学習会】http://www.hanamarugroup.jp

本当に頭がいい子の育て方

2014年8月28日　第1刷発行

著　者——高濱正伸
発行所——ダイヤモンド社
〒150-8409　東京都渋谷区神宮前6-12-17
http://www.diamond.co.jp/
電話／03·5778·7227（編集）　03·5778·7240（販売）
装丁————重原 隆
カバー写真—澤谷写真事務所
イラスト——熊本奈津子
編集協力——藤吉 豊（クロロス）
本文デザイン·DTP—斎藤 充（クロロス）
製作進行——ダイヤモンド・グラフィック社
印刷————八光印刷（本文）・慶昌堂印刷（カバー）
製本————川島製本所
編集担当——飯沼一洋

ISBN 978-4-478-02922-0